藍學堂

學習・奇趣・輕鬆讀

推薦序

五十年釀造的領導智慧，結晶了

愛瑞克——TMBA 共同創辦人、《內在成就》系列作者

我在二〇〇二年離開學校謀得第一份工作。八年內，獲得了四次晉升，並且成為全公司最年輕的主管。當時的我意氣風發，但卻面臨了職涯上最重大考驗：帶人，而且一次要帶領三組負責不同功能、有截然不同屬性的單位同仁。我猛然發現，領導能力和專業能力是兩件事！原來，一個人就算在個人專業表現上年年特優，也不代表他是一個適任的領導者。我開始陷入壓力、焦慮，加上常常失眠，不禁自我懷疑：「我不適合帶人，放棄主管位子好了。」

好險，當時在我的上司以及人資主管積極協助之下，讓我安然度過困境。那段撞牆期，我常要臨時跑到他們的辦公室求助，幾乎每一件都是「又重要又緊急」如野火燒不

盡的難題！除了深入懇談之外，人資主管還主動推薦了幾本書要我去看。我就是在那時候接觸到了約翰．麥斯威爾的著作，讓我大開眼界，也開始有興趣研讀領導學書籍、累積相關知識和經驗，並且活用到我在第一線的帶人實務上。

至今，讀了許多領導相關的著作，約翰．麥斯威爾是我心目中的領導學權威第一名，他絕對當之無愧！他的著作《與人同贏》《與人連結》《精準成長》名列我最常推薦給職場好友們的讀物，而如今有機會為他的新作《乘法領導》作序，深感萬幸！

相較於他之前既有的著作，《乘法領導》強化了培育領導者的實務作法，簡單來說就是「領導一群新領導者」，是高段的技巧和心法。透過此書的指導，我們更容易可以從既有的團隊中，加以栽培、創造出具有領導能力的人，不僅可以讓組織發展更加壯大、穩固，還能讓我們躍升到更高層的領導角色。

雖然我在金融業提早退而不休，為了提倡閱讀、推廣公益而全台演講，沒機會繼續在職場上管理大型部門。但在 TMBA 這個二〇〇一年創立的社團，至今已經發展到每年招收三百至七百名新生，成為全台最大型跨校組織之一。《乘法領導》書中談到好幾個方法，都是我在 TMBA 二十多年來領導歷程中所驗證有效的，例如：

- 找出有潛力的領導人才

- 邀請有潛力的人加入領導席
- 賦予新領導者領導的權能
- 善用領導者的內在動力
- 要求你的領導者團隊合作
- 教導你的領導者培養其他領導者

以上這些方法，就是TMBA這個組織不斷壯大的底層邏輯，也是我觀察到幾位在業界的好友所領導的團隊持續成長的祕密——有些產業沒有成長，而他們的組織卻大幅成長，一定是他們做到了其他領導者沒做到的事情——祕密都寫在這本書裡。

《乘法領導》是領導學中的上乘之作，也唯有約翰．麥斯威爾長達五十年培訓領導者的經驗累積，才寫得出這一本富含智慧與實戰力的作品。如果你曾經和我一樣，因為帶人的問題而卡關，那麼約翰．麥斯威爾的著作是必看；如果你已經是一位稱職的領導者，那麼《乘法領導》將幫助你成為卓越的領導者。誠摯推薦給每一位擔任企業或非營利組織的主管們，一起進化為以乘法倍數壯大的領導者！

推薦序

實踐乘法領導，創造組織倍增效應

劉奕酉｜鉑澈行銷顧問策略長

在瞬息萬變的商業環境中，企業領導者無不積極尋求提升組織效能、激勵團隊士氣，並創造永續成功的祕訣。而麥斯威爾博士在這本書中，為我們揭示了一個核心關鍵：培養領導者。

他以多年實戰經驗和獨到見解，闡述了「乘法領導」的精髓，強調培養領導者並非少數菁英的專利，而是每個組織和個人都應積極追求的目標。我認為本書最大的價值在於提供了一套系統化且具體可行的行動指南，而非紙上談兵，引導讀者逐步打造高效能的領導力團隊。

書中提出了一種培訓方法，簡單卻令我印象深刻：

我來做。

我來做，你跟我一起。

你來做，我跟你一起。

你來做。

你來做，另一個人跟你一起。

這種方法強調了以身作則和實踐經驗的重要性，讓團隊成員在做中學，並透過近距離觀察和互動，將領導者的經驗和思維方式傳承下去。從培訓團隊成員開始，引導他們掌握出色完成工作的技能，為日後成為領導者奠定堅實的基礎。

當團隊成員具備基本工作能力後，領導者需要進一步創造賦權環境。賦予他們自由和責任，讓他們在安全感和信任的氛圍中勇於嘗試、突破創新，並在實踐中培養主導意識和責任感。作者認為，領導者不應該事必躬親，而應該像「掀開頂蓋者」一樣，移除阻礙團隊成員發展的障礙，為他們提供必要的資源和支持，讓他們能夠自由地發揮潛能。

書中特別強調了建立明確目標和提供持續回饋的重要性。領導者應該與團隊成員共同制定明確、可衡量的目標，讓他們清楚地了解自己的努力方向和期望成果，並定期提供具體、客觀的回饋，幫助他們不斷調整方向、精進技能。

麥斯威爾博士認為，有效的回饋包含正面肯定和改進建議，並根據每個成員的特質和學習風格，採用不同溝通方式。他也強調一對一指導和傳承領導經驗的重要性，鼓勵領導者們用心觀察、悉心指導，幫助那些展現出領導潛力的成員找到自己的使命，並在實踐中不斷磨練領導技能，最終成為能夠獨當一面的領導者。

此外，他以自身經歷為例，說明了近距離觀察和經驗傳承是領導力培養過程中不可或缺的一環。領導者應該主動選擇指導對象，並且要設定明確的期望，並且願意花費時間和精力，與他們建立深厚的關係，並在關鍵時刻給予支持和指導。

麥斯威爾博士也提醒，領導者不應該害怕將自己的知識和經驗傳授給他人。因為一個人的力量終究有限，只有將領導力複製出去，才能創造更大的價值，而這也呼應書名《乘法領導》真正的意義。這本書不只提供方法，也鼓勵領導者們用心觀察身邊的團隊成員，尋找那些具備領導潛力的人才，透過書中建議，將他們培養成新一代的領導者。

這不僅僅是一本領導力指南，更是一本關於如何建立高效團隊、打造卓越組織的實用手冊。提供了一套經過實證有效的行動指南，幫助我們在實踐中創造組織倍增效應，最終實現個人和組織的共同成長。誠摯推薦給所有渴望提升領導力、打造高效團隊，並且創造永續成功的領導者。相信這本書將為你帶來深刻啟發，幫助你找到培養領導者的最佳途徑，打造卓越組織！

01 ▼理解乘法領導就是解決之道

主持領導力研討會時，我總被問到許多關於如何解決難題和克服挑戰的問題。人們最想知道的是如何讓組織變得更強、更大。我的答案直截了當：用乘法領導原則培養領導者。當每個領導者都能培養出另一個新領導者，就可以壯大組織，反之，組織就無法發展。唯有從組織內部培養出領導者，企業才可能全面地發展壯大。

常常讓我大為詫異的是，組織在不會促進成長的活動上投入了太多的金錢和力氣。他們砸錢行銷，卻不訓練員工如何對待顧客。你可以高喊顧客至上，但他們知道優質服務和空洞承諾之間是有差別的，華而不實的廣告和朗朗上口的標語永遠敵不過無能的領導團隊。

或者他們進行改組，寄望人員調動會刺激成長。沒有用。你可以把鐵達尼號的船員調過來調過去，但該沉的船依舊會沉！

或者他們重新撰寫使命宣言，或者重新命名各部門，或刪減成本，或砸更多錢。這些行動都不會產生培養領導者能帶來的結果，**組織的力量直接取決於領導團隊的力量**，薄弱的領導團隊等於薄弱的組織，強大的領導團隊等於強大的組織。領導力決定了成敗。

如果你帶領一個團隊或組織，不論你的目標是壯大公司、提高銷售額、開發新產品、建立新據點、推出新措施、組建新團隊、或進入新的產業，你的成功將取決於你擁有多少領導者以及他們的領導能力。

培養領導者帶來難以想像的回報

對任何團隊、小企業、大公司、非營利組織或政府機關來說，要達成今天的目標，實現明天的夢想，關鍵就在於領導力。而要提升組織或團隊的領導力，最萬無一失的作法就是自己培養領導人才。

培養出為你效力的領導者會帶來無數好處，以下是其中七項。

一、擁有成熟領導人才的組織會在競爭中勝出

領導者越優秀，組織就可能越成功。人力資源顧問公司宏智國際（Development Dimensions International, DDI）近期發表的一份報告指出：

擁有最優質領導者的組織，在財務績效、商品與服務品質、員工向心力和顧客滿意度等關鍵盈虧指標上超越競爭對手的可能性，比其他組織高出十三倍。具體而言，當領導者指稱其組織當前的領導品質不佳，他們當中只有百分之六的人隸屬的組織超越了競爭對手。相較之下，那些將組織的領導品質評為優良的領導者，有百分之七十八的人隸屬的組織在盈虧指標上超越了競爭對手。[1]

你難道不希望你的組織或團隊掌握比競爭對手高出十三倍的勝算？要擁有高素養的領導者，最萬無一失的方法就是自行培養。

二、成熟的領導者會讓資源發生加乘效果

人們成功之後，最終總會在意識到自己願景太大而資源太少時達到極限。我們想做的事那麼多，卻為自身的極限而感到沮喪。

如何解決這個難題？答案是培養領導者。好的領導者能以無可比擬的方式增加資源。看看他們如何做到這一點：

- **時間**：你陣中的領導人才越多、越優秀，你獲得的時間就越多，因為你可以把責任和工作託付給你知道會出色完成任務的人。
- **思維**：隨著團隊中的領導人才日益成長，他們的建言會越來越明智、越來越有價值。當一群優秀的思考者通力合作，好的想法會變成偉大的想法。
- **產出**：建立一支由成熟領導者組成的團隊，你就像擁有了分身術，不再需要凡事親力親為才會有成效。其他人可以負起重責大任，發展團隊，指揮若定。
- **人才**：隨著領導者逐漸成長，會吸引其他志趣相投的人。建立的團隊越強大，其他人越想成為其中一分子。你麾下的領導者可以為你招兵買馬，進一步擴展組織。
- **忠誠**：當你栽培人才，他們的生活得到改善，通常會為此心懷感激。額外的好處是，他們往往也會變得忠心耿耿，而這會讓你的日子更加輕鬆暢快。

和我一起工作的領導者，讓我的組織取得了遠比我以一己之力所能達到的更高成就，兩者根本無法相提並論。我個人能做的只有那麼多，但這些領導者的潛力沒有極限。

三、成熟領導者幫忙分擔你的領導負荷

帶領團隊是一件苦差事。大多數領導者肩負重責大任，每天的時間似乎都不夠用。如果你是孤立無援的領導者，得一肩扛起全副重擔，但假如你有其他領導人才幫你，你就可以把重擔分攤出去，只要你願意把一部分責任交給他們就行。如果你覺得只要你不在場，你的團隊、部門、輪班組或組織就無法順暢運作，你要不沒有培養出能幫助你的領導者，要不就是一直不願意釋出部分職責。

四、成熟領導者幫助你創造氣勢

拙著《領導力21法則》（*The 21 Irrefutable Laws of Leadership*）中說：氣勢是領導者最好的朋友。[2]為什麼這麼說？因為氣勢可以讓大問題變小，讓普通人變得卓越，讓正向改變成為可能。

我喜歡演說家兼顧問麥可．麥昆（Michael McQueen）關於氣勢的說法：

當氣勢站在你這邊時，確實會為你帶來不對等的優勢……

當你擁有氣勢時，不需要制定巧妙的策略來招聘人才或說服顧客，兩者都會受你吸引，因為你正朝著目標前進，他們想參與其中。

正如愛能遮掩私領域中的許多罪惡，在工作的競技場上，氣勢也遮掩了許多罪惡。有了氣勢為你效力，你看起來會比真實的你更有才華、更聰明。當氣勢站在你這邊，透過槓桿力量，你會不成比例地得到比你應得的更多。相反的，當氣勢站在你的反面，你很容易顯得倒楣或無能——儘管事實可能並非如此。[3]

什麼是創造氣勢的最佳方法？善用良好領導力的正向力量。領導者一心追求進展，他們熱愛進步勝過一切。試圖靠自己創造氣勢，就像試圖以一己之力推動一輛重達四千磅的汽車，你辦得到嗎？在平地上也許可以，但如果有十幾個跟你差不多力氣的人幫你，豈不是更容易？你們一群人不僅可以推動它，也許還能讓它快速移動。如果有必要，你們甚至可以把它推上山，尤其是當你可以靠著好的起步建立推動力時。一群成熟領導者就能為你的組織帶來這樣的優勢。

五、成熟領導者會擴大你的影響力

多年前，當我剛開始獲邀對團體發表演說，我做了一個決定：如果可以選擇，我永遠選擇對領導者說話。為什麼？因為我知道，如果對一群追隨者演說，我可以幫助他們。但假如對一群領導者演說，我不僅能幫助他們，還能幫助他們幫助的所有人，這就是我喜歡教一百位領袖勝過教一千名追隨者的原因。**當我影響領導者，我影響了他們影響的所有人。**

大約十年前，好幾個國家的總統開始聯繫我，詢問我的團隊是否願意到他們的國家傳授價值觀。我欣然前往瓜地馬拉、巴拉圭、哥斯大黎加、多明尼加共和國、巴布亞紐幾內亞、巴拿馬和巴西，向個別國家元首講話。藉由與一個人對話，我追求向他們影響的數百萬人民發揮影響力的機會。

當你培養出領導者與你攜手合作，他們的影響力會跟你的影響力匯聚起來。你每影響一位領導者，你的影響力便擴大到他們影響的每一個人，該領導者的才能與影響力越大，你的影響範圍就越大。

六、成熟領導者讓你保持警惕

沒有什麼比帶領一群成熟領導人才更讓一名領導者隨時戰戰兢兢了。當你帶領的團隊不斷成長，你必須保持成長才能繼續好好帶領他們。我的朋友Famous Dave's創辦人戴夫・安德森（Dave Anderson）在他的著作《提升你的企業》（*Up Your Business! 7 Steps to Fix, Build, or Stretch Your Organization*，暫譯）中寫道：

偉大的領導者或組織有如鳳毛麟角，最大的原因在於，人們往往取得一點成績就志得意滿，止步不前。他們停止成長、學習、冒險和改變，用自己的過往紀錄或之前的成功證明自己已經抵達終點。這些成功組織的領導者對自己充當主角的故事信以為真，準備把它寫下來、編列手冊、記錄公式。這種心態將企業的思維從成長型轉變為維持型，並以優化現有條件取代了革新。[4]

認為自己已經抵達領導顛峰的想法是很危險的，如此便不會努力求進步，正如曾有人打趣說，今天的孔雀是明天的雞毛撣子。如果你想繼續領導，就需要不斷成長，沒有什麼比培養致力於成長的領導者更能鞭策領導人努力不懈。

七、成熟領導者確保組織擁有更好的未來

製造商 Mid-Park, Inc. 的總裁艾倫．伯納德（G. Alan Bernard）曾說，「優秀領導者的身邊總會有比他更擅長某項特定任務的人，這是領導力的標誌。**永遠別害怕聘用或管理在特定工作上比你更傑出的人，他們只會使你的組織變得更強大。**」[5] 我要補充一句，永遠別害怕培養比你更優秀的人。

我的組織充滿比我更擅長某些特定任務的成熟領導者。我知道我的組織未來一片光

明，因為那些領導者會在我無法繼續領導之後接棒下去。你的組織呢？如果你生病、離職或退休了，你的組織會有怎樣的未來？

如果你已培養出強大且能幹的領導者，並且已訓練他們培養更多領導者，組織的未來將光明燦爛。

你可以培養領導者

如果你是一名領導者，無論層級高低或能力大小，你的組織會因為你開始培養領導人才而受益。好消息是，領導者是可以培養的，還有另一個好消息：就算你從未訓練、指導或培養過另一個人，你可以從現在開始學起。而我想幫助你。

我花了數十年才學會如何培養領導者。我有過失敗，也有過成功。我希望你受益於我的心得，立刻取得成功。

在你踏上領導力的旅途之際，需要做好三項心理準備：

一、培養領導者是件苦差事

如果你曾以任何身分領導別人，我想你會同意帶人是一件苦差事。領導者不會有連續兩天的好日子，假如今天很輕鬆，你知道明天恐怕不會太好過。

但是一切有價值的事都是費勁的。如果人生的目的是輕鬆與舒適，沒有一個明智的人會願意承擔領導的重擔。

培養領導者更是難上加難，簡直像在自討苦吃。那就是為什麼那麼多領導者滿足於吸引並帶領追隨者，而不願意挖掘並培養領導者的原因。追隨者通常很聽話，領導者則不然。

然而，將生命投入於培養其他領導者，會帶來很高的回報。正如我的朋友勵志演說家亞特．威廉斯（Art Williams）常常說的：「**我不保證事情會很容易，但我保證會很值得**。」[6]準備好下工夫吧。

二、培養領導者需要時間

維斯蒙特學院（Westmont College）的校長蓋爾．畢比（Gayle Beebe）針對領導力的發展做過大量研究，在他的著作《塑造高效領袖》（*The Shaping of an Effective Leader*，暫譯）中寫道：

> 我們對領導力的認識不是一蹴而就的，這需要時間。在我們急功近利的文化中往往

想抄捷徑，縮短標誌著我們逐步成長為領導者需經歷的思維、反省與行動。想明白領導者如何發展以及領導者為什麼重要，有賴見識、智慧與洞察力。[7]同時也需要時間。

如果我們自己經歷了漫長而持續的過程才成為領導者，我們應該可以預料別人的領導力發展過程也是如此。

不久前，我跟幾個朋友一起去加州納帕谷（Napa Valley）的一家酒莊遊覽。酒莊第三代老闆指著一面石牆，解說那面牆是從他的祖父——酒莊創辦人——開始砌的，後來創辦人的兒子以及後者的兒子（現任老闆）繼續加蓋。聽著他一邊描述一邊向我們展示石牆的不同部分，我可以感受到他的自豪，以及對父親和祖父的崇敬。這裡有一種代代相傳的傳統意識和共同願景，其中有一股強烈的傳承感，那是急不來的。

如果你渴望做一些有價值的事，就必須放下急於求成的快餐心態，慢慢培養領導者。過程不是一蹴可幾的，而是一個緩慢的過程，需要細火慢燉。**任何有價值的事情都需要時間，你必須放下急著衝過終點線的念頭，轉而尋找自己內心的滿足線**。當你接受培養領導者所需的過程，你每天都可以衝過這條線。

三、培養領導者讓你的夢想觸手可及

人們往往高估自己的夢想，低估團隊的重要性。他們認為，「只要我相信，我就能做到。」但事實並非如此。信念本身不足以成就任何事情，還需要其他元素，你的團隊將決定你的夢想的真實面貌。一個遠大的夢想碰上一個糟糕的團隊，會是一場噩夢。

我最喜歡的一句名言，出自十九世紀鋼鐵大王兼慈善家安德魯・卡內基（Andrew Carnegie）。他說，「我想，最適合我的墓誌銘會是：『這裡躺著的人，懂得如何跟遠比他聰明的人打交道。』」[8]要做到這一點，唯一可靠的方法就是培養出更多領導人才，讓他們充分發揮潛能，而那不是任何領導者都禁得起委派或放棄的工作。要傳授並培養另一個領導人才，還得靠領導者。

我希望透過這本書帶你一步步了解培養領導者的整個過程。如果你希望提升你的團隊並實現你的夢想，你需要採取以下每一個步驟：

- 致力成為人才培育者
- 了解你的團隊成員
- 培訓團隊成員出色地完成工作
- 找出有潛力的領導人才

- 邀請有潛力的人加入領導席
- 釐清培養領導者的目標
- 賦予新領導者領導的權能
- 善用領導者的內在動力
- 要求你的領導者團隊合作
- 選擇進一步培養的對象
- 一對一指導你的最佳領導人才
- 教導你的領導者培養其他領導者

我的朋友勵志大師吉格．金克拉（Zig Ziglar）說過，「成功就是把你擁有的能力發揮到極致。」[9]我很喜歡這個定義，也認為它適用於個人。但對於領導者而言，成功還需要更多東西。

領導者的成功，可以定義為把共事者的能力發揮到極致。領導者只有一個方法可以幫助人們充分發揮他們的本事與潛力，那就是幫助他們發展成為領導者。如果你和我一樣明白這就是答案，那就讓我們開始吧。

行動步驟

一、列出團隊或組織的長期目標，不妨也寫下組織渴望實現的宏觀願景。

二、針對每個目標，寫出為了實現這些目標曾付出的努力或採取的措施，然後針對每項行動的結果，給出A到F的評分。

三、為了達成目標並實現願景，目前培養領導者的工作重點是什麼？

四、分析成熟領導者可以在哪些方面達成目標、他們如何創造進步，以及可能出現怎樣的成果。

02 ▼致力成為人才培育者

倘若沒有他人的幫助，我們就無法充分發揮潛能，沒有人能辦到。自我評價固然重要，但生活上與事業上勝過我們的人的觀點和協助，對我們的成功至關重要。每個人都有不自知的盲點，唯有他人能提供另一個視角來幫助我們。做為團隊或組織的領導者，你可以幫助其他人走得更遠、更快，並且取得比他們孤身前行時更大的成功，你可以透過培養他們來做到這一點。

我所說的「成為人才培育者」是什麼意思？培養人才意味著盡你所能為他們增加價值，在人們需要的時候給他們時間、關注、忠告和鼓勵，也就是說栽培他們，卻不期待任何具體回報。這意味著拉他們一把，幫助他們更成功。

有些人稱這個過程為「教練」（coaching），有些人稱為「指導」（mentoring）。

這兩者有區別嗎？我是這麼看的：

教練	**指導**
以技術為中心	以生活為中心
形式正式	非正式
結構較嚴謹	較隨興
指令式的	建言式的
短期	長期
範圍較小	範圍較廣
主導議程	接受議程
地位導向	關係導向
技術意識	自我意識
訓練	發展
做了不起的事	成為了不起的人
事務性的	蛻變性的

剛開始培育人才時，你的重點應該放在哪裡？那取決於對方需要什麼以及你可以提供什麼。我跟我正在培養的特定人才的互動情況因人而異，但我的目標始終如一：幫助他們在生活和事業上更上一層樓。我努力傾囊相授、挑戰他們、鼓勵他們，幫助他們成為最好的自己。**在你開始培養領導者之前，你必須先培育人才。**

感謝那些曾栽培我的領導人

受到栽培為我的人生帶來了巨大變化，成為人才培育者也是如此。對領導者而言，沒有什麼比培養其他領導者更令人滿足了，那不僅為個人帶來成就感，在個人栽培和組織成功上，更能以最小的代價換來最大的回報。為什麼？因為你培養的每個人都能站在更好的位置對他人產生正面的影響。那就是我目標定在為領導者增加價值，而後者進而為他人倍增價值的原因。

彼得．杜拉克是幫助我想通這一點的人。遠在一九八〇年代，我和一小群領導者曾跟他一起靜修，共度了幾天時間。聚會最後一天，他看著我們在屋裡的十幾個人說：「我到目前為止對你們說過的話，沒有一句比得上我現在要跟你們分享的這件事情重要——你們要栽培誰？」接下來的幾個小時裡，他對我們談起做為領導者應承擔的培養其他領導者的責任，那在我的人生留下了深刻的印記。

加州大學洛杉磯分校籃球校隊的老教頭約翰．伍登（John Wooden），是我最敬仰的人之一。他是一位教練、導師兼人才培育者，竭盡所能地栽培他的球員。他在著作《生活的戰術》（*A Game Plan for Life*，暫譯）中寫道：

> 我想，假如你真正懂得授徒的意義，你會明白那跟教養子女一樣重要，事實上，就跟教養子女一模一樣。正如我父親常說的：「你所知的一切，無一不是從別人身上學來。」這世上的一切都是代代相傳的。每一項知識都有人分享過了。如果你跟我一樣懂得這個道理，傳道授業會成為你真正的遺產。那是你能留給他人的最大贈禮，那是你每天起床的原因——去教導與學習。[1]

當我讀到這些話，我不由得想起那些曾栽培我、為我慷慨付出的人，不論我今天能做到什麼或給出什麼，都是因為我站在他人的肩膀上。那些領導者願意挹注我的人生、開闊我的眼界、傳授我改變人生的法則，令我既慚愧又感激。以下是曾栽培我的一些領導者，以及他們教給我的最重要的一課：

- 老爸（梅爾文．麥斯威爾〔Melvin Maxwell〕）——**良好的態度是一種選擇**。他讓我知道態度決定了差異。
- 埃爾默．唐斯（Elmer Towns）——**接近正能量就有力量**。他教我接近能讓我變得更好的人。
- 朗．伍德魯姆（Lon Woodrum）——**前往那些能啟迪你的地方**。他給了我參觀總統圖書館的想法，我也確實走遍了這些圖書館。
- 鮑勃．克萊恩（Bob Kline）——**做第一個看見他人潛力的人**。他在我二十五歲時看見了我的潛力，我從此帶著更大的自信前行。
- 萊斯．帕羅特（Les Parrott）——**將你的影響力擴大到你個人觸及的領域之外**。他鼓勵我開始寫書。
- 湯姆．菲利普（Tom Phillippe）——**成為徒弟的最大後援**。他不僅僅是我的導師，更是一位不惜為我賭上名聲的舉薦人，好讓我能夠勇於冒險打破常規，活出不一樣的人生。
- 奧瓦爾．布徹（Orval Butcher）——**卓越地接棒**。他要求我做他的接班人，把他創辦並領導三十一年的組織交棒給我。我做了十四年，卓越地完成了傳承，然後交棒給下一任領導人。

- 孫德生（J. Oswald Sanders）——**萬事萬物的興衰都取決於領導力**。他透過他的著作《屬靈領袖》（*Spiritual Leadership*）遠距離指導我，點燃了我的領導之火。我得以在二十年後見到他，當面表達我的感激之情。
- 弗瑞德．史密斯（Fred Smith）——**恩賜超越了個人**。他教會我感激上天賜予我的驚人天賦，但是同時要我記住，我是有缺陷的，而不是完美無缺。這樣的認知幫助我腳踏實地。
- 賴瑞．麥斯威爾（Larry Maxwell，我兄弟）——**開發不同收入來源**。他是個有才能的生意人，教我創造在我不工作時能替我賺錢的被動收入。
- 白立德（Bill Bright）——**抱持對世界的願景**。他希望改變世界，每次和他在一起，他都拓展了我的眼界與目標。
- 吉格．金克拉——**幫助別人得償所願，他們也會幫你心想事成**。他的這番話促使我改變了我看待與實踐領導力的方法，我因此敬愛他。
- 席利．葉慈（Sealy Yates）——**把你的訊息傳遞到商業世界**。他鼓勵我在寫書時納入商業市場考量，而在賣出三千五百萬本書之後，我們仍在幫助人們。
- 萊斯．斯托貝（Les Stobbe）——**讀者會翻到下一頁嗎？**萊斯指導我如何寫作，讓我的訊息更引人入勝。

• 約翰．伍登——**讓每一天都成為你的傑作**。他身體力行這套哲學，是我最偉大的導師之一，我的著作《贏在今天》（*Today Matters*）就是受他的啟發。

我可以繼續列舉下去，但我不想磨光你的耐性！我的人生是由那些指導、指引並培養我的人塑造而成的。感謝那些提攜我的人，讓我可以活在一個更高的境地。

為什麼有些領導者不授權給其他人

我相信領導者本能地知道他們應該培養人才，那是幫助別人增加價值、改善生活，並讓組織更成功的絕佳方法。然而，太多領導者忽略這個過程，這裡列出五個原因：

一、沒有覺醒

有些領導者根本沒有意識到培養人才、賦予他們權力、幫助他們成為領導者的重要性。如果你過去忽略了人才的培養，我希望你現在明白了這件事的重要性與力量，我也希望你下決心改變你的領導方式。如果你致力於培養人才並賦予他們領導權力，你將徹底改變你的領導者和你的組織。

二、沒有時間

許多領導者承受著完成任務的巨大壓力，使得他們從未從埋頭苦幹中退後一步，看看他們可以在哪些方面培養人才，並且放手讓他們承擔更重要的事。他們忽略了一個事實，那就是當人們受到栽培，並被賦予主掌某個領域的權力，他們會更努力工作、更有創造力。急功近利讓許多領導者目光短淺，導致他們只能不斷追趕進度，而不是有意識地超前部署。

三、沒有能力發掘培養對象

有些領導者很難找到可以培養的人才。他們看不到別人的潛力。或者因為他們從未培養過人才，所以不知道該尋找什麼。假如你就是這樣，別擔心，接下來三章我會帶領你一步步了解你的團隊成員，對他們進行工作基本訓練，然後透過觀察，從中找出潛在領導者。在那之後，我將告訴你如何帶領人才完成後續的發展階段，實現乘法領導。

四、對他人沒有信心

有些領導者很難相信他人並給予信任。他們擔心栽培他人是在浪費自己的時間，他們若不是認為自己付出的時間無法得到正向的回報，就是認為他人沒有能力和他們一樣出色地完成任務。這兩種想法可能都是對的，但並非不培養其他人的好理由。現實情況是，如果你事必躬親，或者必須親自指揮你希望其他人採取的每一個行動，你根本做不了太多事情。

如果你是基於這樣的想法才遲遲沒有培育人才，那麼你或許需要實行「八十分原則」，我就是這麼做的。如果你能培養某個人，而**他能把任務完成到你能做到的八十分，那就把任務委派出去**。除非你培養其他人並開始賦予他們權力，否則你不會知道誰能做到你的八十分。如果你想成為人才培育者，你必須放棄堅持完美。

五、由於過去的失敗而不肯培養人才

見到人們充分發揮潛力是我的最大樂趣之一。然而，我早年的一次領導經驗，差點害我偏離培養人才的軌道。我聘用一名極具潛力的員工，花了幾個月時間全心全意栽培他，然後放手讓他擔任領導工作。但他辜負了我的信任，我不得不讓他離開。

我深受打擊，痛苦不已，因為我覺得自己失去為了栽培這個年輕領導者所付出的一切。除此之外，我還失去了一個朋友。所以我決定停止在感情上和專業上栽培他人，我有六個月的時間獨善其身，而我過得糟透了，不僅如此，我的領導力和團隊都受到了很大程度的影響。

日後雖然花了一點時間，但我明白了一個道理，那就是**比起培養某個人卻失敗，切斷連結是更大的錯誤**。的確，培養領導者可能得碰運氣。我學會接受這一點，因為不培養人才的弊端，遠遠大於給人們機會發揮潛力帶來的小損失。如果領導者拒絕用風托起人才的翅膀，人們很難起飛。

做為人才培育者的可信度

你培育他人的能力取決於你的見識與本事，但也同樣取決於你是怎樣的人。培育人才既要靠傳授也要能接受，能否讓對方接受，完全取決於你的可信度。

我在這一章前面分享了一個名單，上頭列出對我有栽培之恩的人，以及他們傳授給我的許多心得。然而，他們做的遠遠不止「傳授」而已，他們的智慧使我的理性思考層面受益匪淺，我的心也捕捉到他們的精神，他們以本色塑造了我，我開始學習他們的價值觀和人格特質，他們的正面特質極具感染力。我「感染」到了：

- 我父親的言行一致
- 埃爾默．唐斯的忠誠

- 朗．伍德魯姆的自我反省
- 鮑勃．克萊恩的責任感
- 萊斯．帕羅特的創造力
- 湯姆．菲利普的謙遜
- 奧瓦爾．布徹的喜悅
- 孫德生的言出必行
- 弗瑞德．史密斯的觀點
- 賴瑞．麥斯威爾的專注
- 白立德的願景
- 吉格．金克拉的互利互惠
- 席利．葉慈的商機
- 萊斯．斯托貝的服務精神
- 約翰．伍登的用心

這些領導者為我的人生傾注了心血，我衷心感激。即便如今我已經七十多歲，仍不斷尋找可以供我學習並激勵我持續進步的對象。

在你準備成為人才培育者之際，需要思考你能給出什麼。做為領導者，你擁有越豐富的智慧與經驗，就越有能力栽培他人、投資他人。就算你相對缺乏閱歷，只要你心胸開放、態度真誠，並且不斷學習與成長，就有能力培養他人。要衡量你目前的狀態，問問自己下面三個問題：

我的可信度多高？

對於你想培養的人來說，可信度就是一切。沒有人願意被一個從未展現成功的人指導，沒有人會向從未成功經營生意的人徵詢商業上的建議，沒有人會請一個身材走樣的人指導健身，沒有人會請一個平庸的演講者傳授溝通技巧，因為那樣做毫無道理。

我的朋友戴爾·布朗納（Dale Bronner）是一位非常成功的商人兼牧師，在我的非營利組織擔任董事多年。他寫了一本關於師徒關係的書，我很喜歡他有關於導師可信度的描述：

> 導師具備法國人所說的「savoir-faire」。「savoir」的直譯是「知道」，而「faire」的意思是「去做」。因此，「savoir-faire」就意味著「知道如何去做」。這個詞經常用在有教養、知進退的人身上，例如：「她頗有 savoir-faire。」

導師也必須具備一定的專業技能。沒有這樣的信心與知識，他們無法將自己所學的一切傳授給其他人。[2]

剛開始培養人才時，就你所知的一切傾囊相授，在你已展現成功的領域幫助他人，然後繼續成長！**你今天學習與成長得越多，明天能給予他人的就越多**。隨著你的可信度越來越高，你能培養他人的領域也會越來越大。

我的長處能提升他們嗎？

在你投入一段師徒關係之前，必須明白一個道理：我們傳授知識，但潛移默化產生影響的是我們這個人。培養人才的力量之所以如此強大，是因為好的領導者有能力將他們的本事複製到培養對象身上，但這只有在培養者與培養對象具有類似長處的情況下才可能發生。

欣賞有才華、有成就的人沒什麼不對。如果你們能共同成就某件事情，彼此合作會是一件很棒的事。但如果雙方沒有共同的強項，這段師徒關係不會太成功，領導者會感到沮喪，被栽培的人也不會有能力落實領導者傳授的內容，這就好比「詹皇」勒布朗·詹姆斯（LeBron James）試圖教一個中等身材的懶骨頭打籃球一樣。

所以在開始培養人才時，專注於運用自己的強項來開發他們身上類似的強項就好。你不需要在你培養的對象面前無所不知、無所不能，我們都需要跟好幾個導師和教練多方面學習。

我最常傳授與指導的兩個領域是領導力與溝通，因為那是我最大的強項。而我培養的人，在這其中一個或兩個領域都有一定的本事，所以當他們提出問題，這些問題往往非常具體或高度複雜，這讓我以無比的喜悅分享我五十多年來的經驗。他們的能力越強、經驗越豐富，提出的問題就越高明。本應如此。

在我的強項之外，我可以賦予他們哪些經驗？

顯而易見的是，培養對象的需求一定比你能提供的更多，他們會需要在你缺乏才能或經驗的領域得到發展。那麼，既然你給不出你沒有的東西，該怎麼做？你可以成為他們的觸媒，幫助他們取得經驗；拿書給他們閱讀；送他們去上課或參加研習營；介紹他們認識具備你欠缺優勢的其他領導者。

培養人才的工作大多需要親力親為，你必須願意為之付出你的個人時間與精力，但你可以善用你的資源為他們安排一些事。

提升價值的心態

成為人才發展者，其實就是每天尋找為他人增加價值的方法，並且決心貫徹執行。我的朋友雪麗·萊利（Sheri Riley）就是這樣一個人。

她是一位作家、演說家兼麥斯威爾領導力認證教練，也是指數生活（Exponential Living）的創辦人兼總裁。她剛從路易斯維爾大學（University of Louisville）畢業取得工商管理學位時，夢想進入娛樂業工作，任職於Trevel Productions，這是歌手、作曲家兼製作人傑洛·萊弗特（Gerald Levert）的經紀公司，幾年後成為LaFace唱片公司的資深行銷總監。她就是從那時起開始積極培養人才。她手把手指導她的第一位助理，一個名叫塔希安·麥肯（Tashion Macon）的年輕女孩，幫助她成為產品經理。塔希安後來取得心理學博士學位，創立了自己的行銷公司。

雪麗用心經營她被指派的第一位藝人，是一個剛剛被唱片公司簽下來的十五歲小子。她一眼就看出他擁有極高的天賦，驚豔於他的魅力。她聽過許多關於音樂界的年輕人被早年的名利毀掉生活的恐怖故事，不希望這樣的事情發生在他身上。雪麗決心成為他的大姐，做一個會指引他、對他說真話而不是逢迎拍馬的人，她希望幫助他為長遠而成功的事業生涯打下堅實的基礎。

怕你好奇，順帶說一下，那個十五歲小孩就是後來成為 R&B 天王的亞瑟小子（Usher）。他擁有一個備受欽佩、非常成功的事業，賣出超過七千五百萬張唱片，[3] 曾經有好幾首歌擠進音樂雜誌《告示牌》（*Billboard*）暢銷榜，其中有九首曾榮登榜首。[4] 亞瑟小子是這樣描述雪麗的：

我立刻感覺到她的不尋常之處，那就是她的人情味。她並非只把我當成商品，而是真正關心我。她問我問題，認真傾聽我的回答，沒有暗藏其他算計。雪麗很快成為我的朋友兼生活顧問。對我來說，她有時像母親，有時像姐姐，有時像教練。她永遠站在我的身後支持我，我也始終打心底信任她。[5]

雪麗如今是一名勵志演說家，大部分時間都用來對美國和全世界的企業聽眾演講，但她最大的熱情仍然在於培養與指導人才。她的主要工作是幫助運動員、藝人、教練和企業主管實現個人成長並主宰職場。

那就是人才培育者的角色。他們不僅帶領團隊、努力追求組織的成功，還投資他們幫助他們改善生活。而當需要培訓、教練與指導那些從栽培中受益的人時，這些人會更願意追隨他們、向他們學習。

如果你希望在你的組織或團隊中培養領導者，那麼首先要致力於培養人才，那將是我們賴以發展的堅實基礎。

行動步驟

一、誰曾栽培你？列一份名單，在名字旁邊寫下你從他們身上學到了什麼，這會幫助你開始思考你自己的成長以及你經歷的過程。把特別有效或對你特別重要的心得寫下來，你或許也想寫感謝信給名單上的一些人。

二、截至目前為止，你在培養人才上投入了多少？寫下培養對象的名字以及你對他們做了怎樣的投資，以此做為證據。如果你從未培養人才，哪些障礙阻礙了你培養他人？

- 沒有覺醒
- 沒有時間
- 沒有能力發掘培養對象
- 對他人沒有信心

• 由於過去的失敗而不肯培養人才

你今後必須做些什麼來克服這些障礙？為此寫一份計畫。

三、你如何評價自己做為人才培育者的可信度？為自己做一份人物側寫（僅供自己參考）。你在事業上取得了哪些成就？哪些專業和個人活動曾賦予你閱歷與智慧？你的強項是什麼？你能提供什麼為他人增加價值？

四、列出團隊成員的名字。如果你沒有正式的領導職位，列出你有能力影響的人。想想其中每一個人，嘗試找出你能為他或她增加價值的方法，尤其專注於思索你可以如何運用你的長處和經驗來增進他們的長處。寫下你可以如何幫助他們的方法，立刻開始尋找機會幫助他們，不帶任何附加條件，也不要期望收到任何回報。

03 ▼了解你的團隊成員

二〇〇四年，可口可樂公司遇到了麻煩。據企業顧問葛雷格里・凱斯勒（Gregory Kesler）所言，該公司面臨「健康意識抬頭的消費者對碳酸飲料說『不』、新產品開發停滯不前、行銷活動連年刪減、股價連續四年多遭到重創，商業報刊更是宣稱可口可樂的配方『沒氣了』。」[1]

為了因應這些挑戰，可口可樂在二〇〇四年五月四日宣布，已退休的高層主管內維爾・伊斯德爾（Neville Isdell）將重返公司，成為新任總裁兼執行長。

伊斯德爾在可口可樂工作三十多年，儘管成績斐然，卻從未被視為執行長人選。但他接受了這項「終極挑戰」。[2]

在回到可口可樂亞特蘭大總部的第一天，他沒有任何大刀闊斧的動作，相反的，他告訴員工：「真正重要的是你們，真正重要的是人。」[3] 幾年後，伊斯德爾在一次訪談中說：「我明確表示，我是來這裡做長遠之計的，在做出許多改變之前，我希望先走出去傾聽與溝通。」[4]

為了實現這一點，他踏上了一趟傾聽之旅。他與團隊中的主要領導者溝通交流，親身去了解他們和他們的問題。他說，「我們開玩笑說公司已經變成『回饋噤聲區』，我們知道這一點必須改變。」[5]

三個月後，伊斯德爾召集他的直屬部下和可口可樂倫敦分公司的一百五十位高層主管，決心要求他們為公司的發展計畫出謀劃策。伊斯德爾說：

> 我們要為公司制定全面的發展計畫，而不只是新策略和使命宣言而已……那會是說明公司如何再次成長並長期壯大的一份路線圖，不是高層下達的指令，而是由公司頂尖領導人順應時勢發展出來的……
>
> 隨著會議的進行，這些高層主管開始意識到自己真的能夠塑造公司的未來，他們的熱情隨之爆炸性增長。[6]

伊斯德爾讓可口可樂再次踏上正軌。在這過程中，他也積極培養接班人。他幫助了組織和其中每一個人，因為他與團隊成員建立連結，傾聽他們的意見，並受益於他們的知識和經驗。

從傾聽開始

史帝芬・山普（Steven B. Sample）在《領導人的逆思考》（*The Contrarian's Guide to Leadership*）中寫道：「一般人患有三種錯覺：一、他的開車技術很好；二、他有良好的幽默感；三、他善於傾聽。然而，包括許多領導者在內的大多數人都是很糟的傾聽者，他們其實認為說話比傾聽更重要。」[7]

我聽過一個戲謔的說法：我們只聽到了一半所說的話，聽進去一半聽到的，理解一半聽進去的，相信一半理解的，最後只記住了一半相信的。如果把這些假設轉換成每天八小時的工作時間，那就意味著：

你花了大約四小時聆聽。

你聽到大約兩小時的談話內容。

你真正聽進去的是一小時的內容。
你只理解了你聽進去的三十分鐘內容。
你只相信你理解的十五分鐘內容。
而你最後只記住了其中七分半鐘的內容。

難怪沒幾個人能完成什麼事。

傾聽是任何一位領導者所能掌握的最重要技能之一，然而，我們大多數人卻更重視說話。精神科醫生兼作家大衛・伯恩斯（David D. Burns）指出：「要讓人信服你的話，你能犯的最大錯誤就是把表達你的想法和感受放在第一位。大多數人真正想要的是被傾聽、尊重和理解。在看見自己被理解的那一刻，人們會更願意去理解你的觀點。」[8]

你有多少次聽到人們抱怨上司不聽他們說話？你有多少次聽到孩子們控訴父母不聽他們說話？當權者通常喜歡高談闊論。然而，要想了解他人並與之建立連結，最好的方法也許莫過於成為更好的傾聽者。

傾聽帶來理解

對許多領導者來說，溝通的最大挑戰在於我們大多數時候不是為了理解而傾聽，我們傾聽是為了準備接下來的回應。作家兼談判專家赫伯・柯漢（Herb Cohen）說：「有效的傾聽不僅需要聽到傳遞的話語，還需要從話語中找到意義與理解。畢竟，意義不在於言語，而在於人。」[9]

相互理解的人能更好地合作，而領導者總是能更有效地領導他們所理解與關心的人，這個過程始於傾聽。

傾聽是最好的學習法

電視節目主持人賴瑞・金（Larry King）說：「我每天早晨都會提醒自己：我今天說的每一句話都無法教我任何東西。所以，如果我要學習，我必須透過傾聽。」[10]當我們疏於傾聽，我們就關閉了自己的許多學習潛能。

你的領導位階越高，人們越可能對你說你想聽到的，而不是你需要知道的。據說，在艾森豪就任美國總統的前一天，即將卸任的杜魯門總統對他說：「這是人們對你坦承以待的最後一天。」

如果你想成為有成效的領導者，你必須把透過傾聽來學習當成每天的首要任務。你不能只因為想看到成果就急不可耐。**你必須始終把別人要對你說的話，看得比你要對他們說的話更重要**——不僅因為領導者地位越高，離第一線就越遠，也因為如果你不傾聽別人，就無法了解他們。好的領導著都知道，傾聽是蒐集情報、學習、理解他人並與他們建立連結的最佳方法。

傾聽產生信任與連結

真誠傾聽並保守祕密的領導者會贏得共事者的信任。做為一名年輕領導者，我雖然不難保守祕密，卻在傾聽方面遇到了困難。我更熱中於推進自己的議程，勝過傾聽團隊成員的意見。直到一名團隊成員直陳我疏於傾聽，我才終於明白自己出了問題。可想而知，如果我真的傾聽人們的話，我會更早察覺這一點，其他人可能很久以前就想告訴我了，可是我就是充耳不聞。

當這名團隊成員終於讓我聽明白她的話，我意識到她真正想告訴我的是，我不值得信任，她不放心把她的想法、意見和感受託付給我。我必須贏得她的信任，而這得從成為更好的傾聽者開始。

作家兼教授大衛．歐思伯（David Augsburger）說：「被聆聽與被愛是如此雷同，以至於對普通人來說，兩者幾乎難以區分。」[11] 傾聽會吸引人們靠近你，這比試圖將你的領導力強加在他們身上有用得多。同理心建立了信任，信任則帶來培養他人的機會。

如果你不了解人們，不知道他們想去哪裡、關心什麼、如何思考以及希望如何做出貢獻，你永遠無法激發出他們最好的一面。唯有透過傾聽才能得知這一切。當這種情況發生時，人們會覺得自己處於核心，會覺得自己是合作夥伴，而不僅僅是員工。他們會更信任你，因為你關心他們。

做為一名領導者，你對培養對象能做的最重要的事情之一，就是了解他們並與他們建立連結。也別忘了，這是一條雙向道路。的確，你希望了解潛在領導者，但你也必須讓對方有機會更深入了解你。

多問問題

一旦成為更好的傾聽者，你就可以透過提問來增進對他人的了解。我是個健談的人，所以用一點時間就學會這點。隨著我學習提出更多問題，我得到了一個重大發現，提出問題與給出方向的效果恰恰相反。當你為你的團隊指出方向，你往往束縛了他們。而當你提出問題，你則為「探索」創造了空間——讓人們得以表達、溝通、創新、解決問題。提問顯示你知道自己並非無所不通，同時顯示你重視他人的意見。

以下是提問的其他幾個作用：

- 創造開放對話的空間
- 表達對他人及其意見的重視
- 幫助人們更了解彼此
- 邀請所有人參與
- 澄清假設
- 激發思考
- 引導對話

當我們面對「沒有人無所不知，且所有人都會犯錯」的事實，我們就創造了創意可以蓬勃發展、允許犯錯、人們可以從挫敗中學習的文化。

不久前，當我鼓勵一位領導者多對他的團隊提出問題而不是多下指令，他向我表達了他的挫折感。「如果我問問題，我無法控制對方給出的回應。」他說。但領導不是控制——而是影響。我試著讓他明白，控制別人的回應並非正道。**你該做的是影響他們的思維與行動，要做到這一點，你得提出正確的問題**。你提出的問題會引導方向與節奏，問題越深入，他們對領導力的理解就越深刻，你對他們的認識也是如此。提問確實可以增強你的領導力，而不是削弱。

提問可以幫助領導者建立關係。我最早開始提問時，是為了獲取資訊，但在過程中，我發現我更了解他人了。由於我更了解他們，我能更好地帶領他們，他們也更樂於接受我對他們的栽培。

做為領導者，我們往往透過假設來領導，真是大錯特錯。正如賽門・西奈克（Simon Sinek）在他的著作《先問，為什麼》（*Start with Why*）中說的：

> 我們根據我們「自以為」的做決定。不太久以前，大多數人還相信世界是平的。這個認定的真相影響了行為。在那段期間，探索行動寥寥無幾，人們擔心走得太遠會從地球的邊緣掉下去，因此，他們大部分時間停留在原地。直到一個微小的細節——世界是圓的——被揭露出來，人們的行為才出現天翻地覆的變化。有了這一發現，人們開始橫越這個星球，貿易路線一一建立，香料得以交易。新的想法（如數學）在社會間共享，帶來各式各樣的創新與進步。一個簡單的錯誤假設得到糾正，人類從而往前推進了一大步。[12]

當我終於開始問問題而不是做假設，我的領導力得到各方面的提升。在你準備培養潛在領導者之際，我建議你開始運用提問做為每次會議的開場白和結語。

開場問題

做為人才培育者，你需要高瞻遠矚，你需要比別人看得更遠、看得更早，你需要盡最大可能善用你與團隊成員共處的時間。

以下幾個例子，是我在我們處理專案、投入某項經驗或進行輔導對話時，會對團隊成員提出的問題：

「你對我們提出的願景有什麼看法？」

「你認為我們應該如何著手處理這項專案？」

「你希望從這次經驗中得到什麼？」

「你認為這場對話會如何開展？」

問題越開放，你越能了解對方的想法，越是困難、直觀或抽象的主題，越需要才能與經驗來回答它。

你可以從人們的回答方式，得到關於他們的很多訊息，你每次要求某個人評估某個情況的決策過程時，他們的答案會大大透露他們的領導潛力。

結尾問題

我喜歡提出能促使團隊成員評估與反思自身經驗的問題。我想衡量他們的覺察力，我想知道他們觀察到了什麼、有怎樣的感受、學到了什麼、將如何運用自己學到的心得，以及接下來打算採取哪些行動。好的結尾問題往往能激發人們自己去發現與學習。要是他們沒學到該學的一課，你隨時可以花點時間教他們。

提問總是對你有益。**開場問題為對談定調，結尾問題則將對談的效果最大化。開場問題鼓勵準備，結尾問題則鼓勵反思。**這兩種問題都增進彼此了解，並為更高效的領導力以及他人的領導力發展鋪平了道路。

目標：從他們的角度看世界

好的領導力有賴將視角從「以我為主」轉換為「以他人為主」。那意味著我們需要努力以他人的角度看事情。Pyxis科技公司的總顧問、培訓師兼教練史蒂芬・蘇德克（Steffan Surdek）說：「視角是一個人看世界的方式。它來自個人觀點，由人生經驗、價值觀、當前心態、他們抱持的假設以及其他眾多因素塑造而成……我們可以輕易地說，我的視角就是我的真實世界。」[13]

如果你想把團隊成員培養成人才，然後進一步培養成領導者，你需要了解他們。你需要學會從他們的角度看世界。要如何做到這一點呢？

學會換位思考

但願在我的領導生涯中，我能早一點嘗試以別人的思考方式進行思考。有太長的時間，我只想讓別人用我的方式思考問題，而我不明白他們為什麼不這麼做。於是我花許多時間和力氣，試圖說服他們採納我的觀點，但那不是建立關係的好方法。

漸漸地，我開始理解別人的思考方式，並且從他們的角度而不是我的角度帶領他們。我建議你也這麼做。

練習徵詢看法

我經常在開完會後，請團隊中的領導者談談他們對會議內容的看法，以及從中得到的收穫。他們的評論幫助我捕捉我可能遺漏的要點，並讓我更深入了解他們對會議中發展變化的領會。

我在培養人才時，往往會先聆聽他們的觀點，然後給出我的看法。有時候，我能傳授他們一點東西，幫助他們在領導的道路上走得更遠。

調和各種觀點

正如我前面所說的，每當我跟我的團隊聚在一起，不論是在為實現某個目標制定計畫、在舉辦某項活動之後進行檢討，或者和另一個組織開完會後提出彙報，我總會徵詢團隊成員的看法。但我不會止步於此。

這些對話的真正價值，在於將各個觀點調和起來。為此，我會指出某個團隊成員的觀點和其他成員的觀點有怎樣的關聯，以及這些想法與我的想法如何相關，此外，我還會嘗試把所有觀點跟組織的願景串聯起來。

我想做的，不僅僅是了解他們。我努力拓展每個人的眼界與視角，嘗試磨練他們的領導力思維，設法幫助他們了解彼此。我讓我們有可能提出一個新的共同觀點，讓所有人都能變得更好。這能使我們每個人獲益、提升我們的團隊、促使每個人吸收各種想法，並且更廣泛地思考，而不只是從自己的角度出發。這本身也是他們發展過程的一環。

培養人才的早期成功經驗

在人才培養上，我早期的一個成功案例是芭芭拉．布倫馬金（Barbara Brumagin）。芭芭拉在一九八一年開始擔任我的助理，不僅成為團隊中成功且不可或缺的一員，更成長為一名出色的領導者。我寫這本書的時候，請她分享她對那段早年歲月的看法。以下是芭芭拉對那些經歷的一段描述：

從我上班的第一天開始，我的辦公桌就安排在可以看到並聽到你在隔壁辦公室一切動靜的位置。你秉持的原則超過了敞開大門政策所能形容，我得以觀察你在辦公桌前的工作方式——不論是處理例行或重要事務、制定日常或長期計畫，或者與他人互動。每次遇到重大狀況，你總會花時間向我講授你的思考過程，說明背景狀況，告訴我你為什麼以及如何制定某項決策。這幫助我理解，並讓我為指派給我的任何任務做好準備……

在助理不被納入每週計畫會議的年代，你帶我進入那些會議，這幫助我為新任務做好準備、理解專案、知道團隊成員需要你或我做些什麼。而在那些會議之後，你總會問我是否有任何問題或回饋意見，或者是否有任何地方需要澄清。你會問我觀察到或學到了什麼，你重視我的想法，並給我機會去理解你的評估過程。我們每一次碰面，我知道我一定有機會提問。

而且你總會向我致謝。每一次談話，你的結語幾乎總是：「謝謝你幫我。」直至今天，我們每一次通電話，你最後都會說：「我能為你做點什麼？」

芭芭拉是很棒的工作夥伴。在我們共事的十一年裡，我難以言說她給了我多大的幫助。她一開始是我的助理，但後來的角色變得吃重得多。因為我了解她、對她敞開大門，並且刻意讓她了解我，她肩上的擔子越來越重，變得能夠代替我發言和做決定。之所以能做到這一點，完全是因為我們非常了解彼此。

如果你打算培養人才，你需要認識他們，並且盡一切力量去了解他們。你也需要足夠開放，好讓他們能夠了解你並向你學習。

而在你這麼做的時候，別忘了鼓勵他們。人們的希望與夢想也許各有不同，但他們都需要受到激勵與鼓舞。以下是我的一些發現：

大多數人都缺乏安全感。給他們自信。
大多數人都希望覺得自己是特別的。讚美他們。
大多數人都想要擁有光明的未來。給他們希望。
大多數人都需要被理解。傾聽他們。
大多數人都需要方向。陪他們一起前行。
大多數人都是自私的。首先肯定他們的需求。
大多數人都有情緒低落的時候。鼓勵他們。

大多數人都希望被接納。徵詢他們的意見。
大多數人都想要成功。幫助他們獲勝。
大多數人都希望受到欣賞。表揚他們的功勞。

當你了解人們的想法，接納他們的現狀並鼓勵他們，他們就會願意向你學習，未來也更有機會被培養成領導者。

行動步驟

一、你有多善於傾聽？如果史帝芬·山普在《領導人的逆思考》中說的是對的，那麼大多數人即便不善於聆聽，也都認為自己是很棒的傾聽者。從一到十為自己打分數（滿分十分），然後跟五個非常了解你的人談談，請他們為你打分數，這會對你的傾聽能力提供一條基準線。

二、如果你的傾聽分數低於九分或十分，那麼你需要努力成為更好的傾聽者。找出你通常可以更好地傾聽的三種情況或場合，制定讓你可以在這些情況下傾聽、理解和記住訊息的一套計畫。如有必要，不妨重新陳述別人的話，並詢問自己的理解是否正確。如果理解有誤，請對方澄清或重說一次。

三、下次你跟一位或多位團隊成員會面時，採用開場與結尾提問法來更深入了解他們。開會前先寫下你的開場問題，確保自己做好準備。會議結束時，在大夥兒各自散去之前，請大家歸納會議要點並提出意見。如果你擔心自己記不住人們的答案，不妨記筆記。

四、設法取得每一位團隊成員的觀點。詢問他們最喜歡工作的哪些部分，又有哪些部分最具挑戰性，為什麼。問問他們對於團隊的工作以及團隊對組織的貢獻有怎樣的看法，問問他們對未來的希望與夢想。與他們深談的時候，不要評判或質疑他們的答覆。傾聽與學習就好。

04 ▼培訓團隊成員出色地完成工作

所有領導者都希望實現組織的目標，而大多數領導者都知道，唯有當他們的團隊表現卓越，這些目標才可能實現。他們明白雷根總統說得很對：「最偉大的領導者不見得是做出最偉大事情的人，而是那個驅策人們做出最偉大事情的人。」

並非所有領導者都以同樣方式做到這一點。有些人靠的是他們傳達願景的能力，有些人努力激發團隊成員的熱情，還有許多人批評團隊成員，指出他們的弱點，或者讓他們相互競爭，南加州大學教授摩根．麥考爾（Morgan McCall）說：「適者生存不意味著最強者生存。」還有一些領導者提出獎勵措施，但願人們會努力爭取。最糟糕的領導者會威脅人們，正如艾森豪總統所言：「你不能靠敲打別人的頭來帶領——那是攻擊，不是領導。」

多年來，我發現人們工作表現差勁的原因有三。他們可能欠缺做事的能力或意願、沒有受過適當的工作培訓，或者，他們不明白該做些什麼來完成任務。好消息是，培訓可以解決這三個問題中的兩個。

如果有能力也有意願的團隊成員失敗了，那可能是你的錯，因為你也許疏於對他們進行適當的訓練。

學會用乘法培訓他人

剛開始展開領導生涯時，我仰賴自己的魅力和勤奮推動組織前進。我的第一個職位是牧師，當時我號召了許多追隨者，但我幾乎凡事親力親為。我既年輕又有幹勁，所以在那個職位的三年任內，我能夠一直那麼做。但我離開之後，我留下的一切隨之瓦解。那時我才意識到，**領導者的角色不是號召更多追隨者，而是為了培養更多領導者**。但你不能劈頭就要求人們去領導，你需要為他們提供一條跑道。起點就是培訓他們，讓他們能夠出色地完成工作。這不僅能推動組織前進，還能讓他們得到經驗和成績，創造他們的信譽，為他們日後成為領導者奠定基礎。

於是，我帶領的第二個組織，開始致力於培訓我的人員。我著手的方法很簡單，我從不單打獨鬥，如果我承接一項任務，我會邀請人們一起參與，好讓他們也學會去做；如果我發起一項專案，其他人會和我並肩工作；如果我出去拜訪人，總會有人陪我一起去。很快地，其他人學會去做我能做的任何一件事，他們開始助我一臂之力，隨著他們接手我的任務，我開始承擔新的任務。

我就是在那時開始體驗到相乘的力量。當我培訓與我共事的人，幫助他們在工作上出類拔萃，我開始體驗到影響力、時間、精力、資源、構想、金錢和效能翻倍的累積。我發現有句老話說得對，人多確實力量大。

當人們學會做好自己的工作並茁壯成長，在人群中找出有潛力的領導人才就變得很容易了。但隨著我持續訓練我的團隊成員，我意識到我還遺漏了一些什麼。我培訓的人員幫忙分攤我的領導重擔，但假如我沒有訓練他們去訓練和培養其他人，我們就無法將組織推向更高層次的成功。

擁有更加訓練有素的團隊成員和更有能力的領導者，意味著我們能以現有的資源取得更大的成就，意味著我們可以展開新的計畫，意味著我們擁有一支可以解決問題、克服困難的大軍。不僅如此，我還發現培訓領導者可以讓我騰出更多時間投入那些可以為我和我的組織帶來最高回報的領域。（接下來幾章，我會教你如何找出有潛力的領導人才，將他們帶進領導力環境並培養他們。不過在培養領導者之前，你需要先擁有一批訓練有素且成功的團隊成員。）

在這個更遠大願景的啟發之下，我努力創造一個新的培訓模式。這個模式不僅是我能做、能教的，也需要讓組織內的每一個人都能理解、實行並傳授給他人。以下是我提出的方法：

我來做。

我來做，你跟我一起。

你來做，我跟你一起。

你來做。

你來做，另一個人跟你一起。

你可以看到，這個過程始於一個願意培訓他人的領導者。首先，這名領導者需要取得成功。你知道自己在做什麼後，接著請立刻邀請團隊成員加入你的行列，讓他們看著你做。第三步，焦點從領導者身上移開：從「我」變成了「你」。這時，其他人著手執行任務，領導者負責指導、鼓勵並糾正執行工作的人。在那之後就交棒了，任務委派給受到培訓的團隊成員。但別忘了還有第五步，受過訓練的人員挑選另一位團隊成員加以訓練，這就是效能發生轉變的地方——從加法變成了乘法。如果每個團隊成員都能訓練另一個人，倍增因子就永遠不會停止運作。

一九九七到二〇〇六年間，我的非營利組織EQUIP（美國事工裝備）在培訓領導者時，就採用了這一套模式。在那些年間，美國事工裝備培訓了來自世界各國的五百萬名領導者。

做為領導者，要求人們加入你的團隊並跟你一起踏上旅程是一回事，拿旅程路線圖培訓他們又是另一回事。好的領導者會為團隊成員指明抵達目的地的途徑，他們提供裝備、賦予人們能力。我一發現提供裝備能產生的正面效應，立刻改變了我的重心，我的領導力出現了巨大飛躍。你也可以。

像裝備型領袖一樣思考

我希望幫助你建立領導人的裝備者心態。這讓你能夠為團隊提供更大的馬力，並幫助你看出誰是千里馬。擁有裝備者心態究竟意味著什麼？

在我的想像中，這類似於幫助人們做好攀登聖母峰的準備。首先，你必須評估每一個人的潛能。他們是體能狀況很差的懶骨頭嗎？他們體格健壯卻欠缺經驗嗎？他們經驗老到但近況不佳嗎？他們是否擁有很棒的經驗基礎和體能狀態，但需要做好準備才能進階到更高的水準？做為團隊領導者，你必須瞭如指掌。

你必須評估需要哪些登山設備，狀況如何？你從自己攀登同一座山的經驗中學到了什麼？哪裡有危險和陷阱？人們需要知道你知道的哪些事情？你如何幫助他們開始像登山者一般地思考？你能教會他們看著山顛，然後評估如何登頂嗎？

做為一個裝備型領導者，僅僅幫助他們上山下山而不被凍死是不夠的，你最終希望他們學會如何登山，並透過你教給他們的一切，得到引領他人登山的技能。你的目標是以這種方式培訓人們，使他們不僅學會如何做好自己的工作，也學會領導，並發展自己的裝備型領導者心態。

當我回想這些年來我用來培訓人們的各種方法時，我相信只要你專注於下面五項基本作法，就會在過程中取得成功。

一、成為他人希望效法的榜樣

你也許已經注意到，我經常強調樹立正確典範的重要性。為什麼？因為如果你沒有把自己培養成一個領導者，永遠沒有足夠的威信和能力去培養他人。對此，我有另一個好用的縮寫詞可以幫助你：LEAD。你需要問自己這幾個問題：

Learning 學習：「我在學習什麼？」
Experiencing 體驗：「我在體驗什麼？」
Applying 運用：「我在運用什麼？」
Developing 培養：「我在培養誰？」

指揮別人去做你沒做過的事情，不是在培養他們，而是在發號施令。當你學習、體驗、運用然後培養他人，那不是發號施令，而是領導。

我喜歡內容策略分析師兼作家史蒂夫・奧勒斯基（Steve Olenski）在《富比士》（*Forbes*）雜誌上發表的這段話：

> 當員工看到領導團隊個人和專業不斷成長，他們就會見到發展過程的價值所在。藉由以身作則，領導者建立了鼓勵員工參與發展活動所需的威信與信任，這向員工表明發展是組織文化的一部分，並傳達出一個訊息，那就是組織的每一個人都必須參與從內部培養人才的持續發展過程。這一點很重要，也是組織對所有人的要求。[1]

我的組織的教練群曾對全美大大小小企業以及全球各個影響層面的人士進行訓練，學員來自各行各業：政界、商界、藝術界、教育界、宗教界、媒體、體育界和醫療保健行業。我們發現，決定任何一種培訓課程是否能在組織內取得成功的首要因素，就是組織的領導高層是否參與其中，如果他們充分參與訓練過程，藉此表明學習是第一要務，訓練就會成功；如果他們置身事外，組織內的人員就會認為這件事情無關緊要。領導者的缺席導致了可信度差距。

如果你希望訓練團隊成員，並最終培養出領導者，你需要擁有可信度。如果你不斷成長與發展，他們會尊敬你——即便你在這條道路上並沒有領先他們太多。所以要持續學習，樹立個人發展的典範。

二、花時間與團隊成員相處

我自一九七四年以來實行的所有裝備模式都有一個共通點：接近原則（Proximity Principle）。我把人們帶到身邊來培訓他們、投資他們。你無法隔著距離做到這一點。團隊成員離你越近，與你的互動就越多，所能學到的也越多。

這在虛擬的工作環境中可能是一大挑戰。你可以設法運用科技來模擬接近性，但我不認為會有同樣效果。所以，如果這是你的情況，你需要與你的團隊設立接觸點。你需要安排時間，讓你們可以在同一地點一起工作，即便只是幾小時或幾天。

接近原則的妙處在於每個人都可以這麼做。你不需具備培訓者或訓練師的經驗，不必是高層領導人，也不需要正式的領導職位。

領導者對他人說的最重要的一句話是：「跟我來。」當我邀請人們加入我的隊伍，而他們緊緊相隨時，他們可以隨時隨地看到我的行動並向我學習，他們可以明白我做了什麼以及我為什麼這麼做，我們可以一起分享經驗，他們可以提問。沒有什麼能取代用心的接近。

三、與他們一起設立培訓目標

在培訓過程的某個時間點上，你需要為你的團隊成員設立目標。你可以在一開始邀請他們參與發展過程時這麼做，也先讓他們展開發展過程，對他們了解更深之後再停下來設立目標。你必須這麼做，因為目標會成為他們遵循的路線圖。設立目標時，運用下列準則來幫助你：

- **為每個人量身設定目標：**由於你花了時間問問題，你已對你要培訓的人略有了解。有些事情是你需要或希望團隊中有人去完成的，另外，你可能對每個人的潛力有某種直覺感受。將這些事情加在一起，藉此為人們設立目標，然後問自己和團隊：「這些目標適合你們嗎？」

- **設立切實可行的目標：**沒有什麼比被賦予不可企及的目標更令人沮喪了，這注定失敗，你要把你的團隊成員放到成功的道路上。我喜歡艾瑪斯科技（AMAX）前任董事長伊恩．麥奎格（Ian MacGregor）對此說的：「我的工作原則跟馴馬師的作法相同。從低矮的圍欄、可以輕易實現的目標開始，然後逐步加大難度。在管理中，永遠不要要求人們嘗試完成他們無法接受的目標，這很重要。」[2]讓他們從小事做起，逐步往上，幫助他們取得一些勝利。
- **制定需要他們傾盡全力爭取的目標：**你的團隊成員需要從小事做起，不代表他們應該一直維持渺小。理想上，每個目標都需要他們使出力氣並有所成長才能實現，而隨著每一次成功達成目標，他們應該能夠使出更大的力氣、得到更大的成長。等到他們實現你們共同設定的所有目標，他們將會在回顧過去時，驚訝於自己取得的進步與經歷的成長。
- **設立可衡量的目標：**光說「我想變得更好」或「我想成長為一名領導者」是不夠的。這些是美好的理想，而且也許能提供方向，但它們不是目標。你為團隊成員確立的每個目標都要夠具體，好讓你和他們在被問起「你是否已達成這個目標」時，可以清楚地回答是或否。

- **設立清晰的目標並以白紙黑字為據：**最後，要求團隊成員把目標寫下來。如此一來，目標會變得具體明確，潛在領導者也必須對目標負起責任。

制定行動計畫會讓每個人都有一條跑道去奔馳。對於團隊的新成員，要經常查看他們的狀況，詢問他們實現目標的進程。培訓對象的資歷越深，培訓過程就越漫長，直到最後轉變成師徒關係為止，我們會在第十一章討論這一點。

四、鼓勵團隊成員從做中學

我聽說在醫院的急診室裡，護士們有個說法：「看人做，自己做，教人做。」換句話說，新護士跟著有經驗的護士，看他們怎麼做，然後如法炮製，接著轉身教另一個人。在醫療行業的快節奏中，護士被期許立刻投入工作，練習新技能，然後傳授給他人。沒有什麼比親自動手實踐更能鞏固學習了，光憑理論和指導能產生的效果很有限，一旦親身參與，能力就會快速提升。

有份研究支持這一觀點。一九九〇年代，工業心理學家羅伯特．艾辛格（Robert Eichinger）、麥克．倫巴多（Michael Lombardo）和南加大教授摩根．麥考爾共同提出了一個叫做七〇／二〇／一〇的學習與發展模式。這個模型指出，七〇％的學習與發展發生在現實生活與工作上的經驗、任務與問題解決中，二〇％來自他人給予的正式或非正式的回饋意見、指引與輔導，一〇％是正規訓練的結果。[3]

因此，如果你想培訓人們，就應該提供機會發揮七〇％的學習模式，靠近他們、指導他們，同時允許他們獲得實際經驗，讓他們著手去做能擴展他們並促使他們成長的事情。

很多時候，領導者不願意讓經驗不足的人承擔任務，因為他們擔心任務搞砸。但是對此，我的回答是選定何時與如何交接培訓經驗。

先讓他們從沒那麼重要的任務開始，尤其當他們還是新手的時候，然後讓他們逐步挑戰越來越艱鉅的任務。當他們確實開始承擔更重要的責任，要經常和他們交流，看看他們做得怎樣、為他們答疑解惑，並給予鼓勵。他們獲得的經驗越多，你需要和他們接觸的次數就越少。

做為領導者，我的一大強項就是溝通，而我經常有機會訓練人們成為更好的溝通者。我不是光靠嘴巴做到這一點，因為說話不等於培訓，傾聽也不意味學習，人們必須從做中學。看看我用來幫助年輕溝通者的方法有什麼不同：

- 「艾瑪，我希望你在下週四晚上發表五分鐘的演說。」這種情況下，我是在告訴艾瑪應該做什麼。我在向她發布任務。
- 「艾瑪，寫下你的五分鐘演說，然後練習。」我補充了一些具體說明來幫助她，但我仍然只是在教她。
- 「艾瑪，我們碰個面。你先對著我練習演說，我們再討論如何改進。」我在跟艾瑪互動，不過，是她在執行任務並獲取經驗。
- 「艾瑪，我們碰個面，你可以讓我看看你對演說做了哪些調整，並且再次對著我練習。」我給了她累積更多經驗的機會。
- 「艾瑪，我希望你在週四晚上發表演說。我會在事後給你回饋意見。」現在，我已幫助她將此次經驗運用到極致。

在這個案例中，艾瑪自己完成了所有工作，但我透過一開始為她提供方向，在中間給予她指導，讓她獲得與現場觀眾交流的寶貴經驗，並在最後給予她回饋意見，為她的成功奠定了基礎。

你需要挑選你培訓人才的時機與位置，不過在這過程中，請記住兩件事：你需要讓他們從做中學，而且你需要和他們足夠接近，以便隨時指導他們。

五、消除阻礙成長的障礙

裝備行動的最後一塊拼圖，是為人們的成長和前進開闢道路。有時候這代表為他們提供工具或所需資源，有時候意思是為他們介紹可以幫助他們的人——不論組織內或組織外，而且，這總意味著創造一個可供人們蓬勃發展的環境。

身為組織的領導者，我把自己想像成「掀開頂蓋者」。我想要給人們發揮潛力的空間，為促成這一點，我努力掀開壓抑人們的頂蓋。史蒂夫．奧勒斯基說：

> 許多組織的結構和流程都很僵化，以至於很難實施某些跨部門發展、促成動態成長與高效培訓。領導階層有責任彌合隔閡、推倒圍牆，並設計一個鼓勵以流動方式來學習與工作的系統。今天這一代的員工習慣改變，享受允許他們探索的開放環境。請移除障礙，看著人們蓬勃發展。[4]

如果你是團隊或組織的領導者，你有責任為你培養的人員移除障礙。不要只給予責任卻不交付權力，不要只給予任務，卻不提供完成任務所需的資源，不要嘴上說希望他們成長，卻只要求他們完全遵照你的指令做事。給他們機會能夠邊做邊學，不要告訴他們是組織最可貴的資產，實際上卻不懂得欣賞他們。為他們做好成功的準備，然後放手讓他們去做。

培訓改變遊戲規則。它轉變了各個團隊成員，使他們更擅長自己的工作，提高自信，看到了自己更光明的前途。它轉變了團隊，使團隊變得更有能力、更多產。它為組織增加了價值，因為團隊能為實現願景和提高利潤做出更多貢獻。它也對團隊領導者有助益，因為他們不必獨自承擔那麼多責任，重擔被分攤出去了。

要成為高效的培訓者，你需要捫心自問：你願意將自己的生命傾注在他人身上嗎？你願意付出所需的時間、承諾和犧牲嗎？很多時候，自己動手做一件事，比訓練另一個人去做更快、更輕鬆，但那樣的想法太短淺。**當受到良好訓練的團隊成員開始為你效力，你此刻投入的時間會得到複利的回報**，你也會開始看出哪些人有領導潛力。找出他們是下一章的主題。

行動步驟

一、有效的培訓者是很好的榜樣。你目前正有意識且積極地做哪些事情來促成個人與專業上的成長？具體來說，你每天和每週花多少時間在成長上？你投資了多少錢？

如果你對這些問題的答案是積極且具體的，做得很棒！請用不自誇的方式讓團隊成員知道這些事情。

如果你對這些問題的答案並不理想，那麼你需要為自己制定一套成長計畫：開始閱讀相關書籍，最高可達每週一本，但每月不可少於一本；為自己設定一個目標，每月聆聽一定數量有益的 podcast 節目；報名參加研習營、研討會或認證課程。讓成長成為生活中規律、持續且有計畫的一部分。

二、開始實踐接近原則，花更多時間與團隊成員相處。在你工作的時候，邀請人們共同參與，好讓他們觀察你並向你學習，一有機會就遵循下面這個作法：

我來做。

我來做，你跟我一起。

你來做，我跟你一起。

你來做。

你來做，另一個人跟你一起。

三、與每一位團隊成員一起設定培訓目標。問他們希望學習什麼，告訴他們你希望他們學習什麼——或者學著把什麼做得更好。討論你或他們可以預見的阻礙或障礙，為他們制定需要他們使盡全力並不斷成長才可實現的具體目標，把這些目標寫下來，附帶完成的時間表，負起為他們移除成長障礙的責任。

四、賦予團隊成員採取行動且邊做邊學的權力，不過要時時查看他們的狀況，討論他們的成功與錯誤。指導他們、支持他們、鼓勵他們，然後放手讓他們去持續嘗試與學習，持續與他們一起努力在約定的期限內實現他們的目標。當他們取得成功，私下並公開地讚揚他們。

05 ▼找出有潛力的領導人才

演講時，我最喜歡的環節之一，就是回答觀眾席上的領導者提出的具體問題。最近，在福來雞（Chick-fil-A）舉辦的一場研討會上，有人問我如何培養優秀的領導者。「首先，」我回答，「你得知道一個領導者應有的模樣。」

我知道這聽起來也許太過簡單，但事實就是如此，而且我發現大多數人很難描述潛在領導者的模樣。領導力專家兼作家詹姆士．庫塞基（James M. Kouzes）與貝瑞．波斯納（Barry Z. Posner）說，「我們對誰是領導者與誰不是領導者的看法，被什麼是領導力、什麼不是的既定印象混淆。」[1] 有哪一個人能找到他們認不出的東西？

我曾讀到傑克．威爾許（Jack Welch）在擔任奇異公司（General Electric）執行長時，經常在參加高階主管發展課程的新學員上第一堂課之前，向他們發出一封備忘錄。他指示學員思考一組問題，並做好討論這些問題的準備。他是這麼寫的：

明天，你將被任命為奇異公司執行長：

- 最初三十天你會做些什麼？
- 對於該做的事情，你目前有個「願景」嗎？
- 你會如何著手發展願景？
- 提出你的最佳願景。
- 你要如何「銷售」這個願景？
- 你將以哪些基礎為起點？
- 你會丟棄哪些現行作法？[2]

課程中，僅僅傾聽學員對這些問題的答案就對威爾許產生了影響，讓他知道哪些人是最有潛力的領導人才。但多年後，威爾許也為自己選擇傑夫・伊梅特（Jeff Immelt）接班的決策感到遺憾。伊梅特是個能說善道的人，也是威爾許考慮選擇的一小批人選中「最圓滑的政客」。

威廉・科漢（William D. Cohan）回想起他對威爾許的一次採訪，他寫道：

威爾許先生告訴我，伊梅特先生是個「萬事通」。「一個自以為無所不知的人是無法經營（奇異）這種規模的公司的。簡而言之就是這樣。他對所有事情都有答案……如果你想把失敗歸咎於我，我的確看走眼了。」[3]

提問是件好事。我喜歡問問題，但那不是一切的解答。一個口才辨給但潛力很低的人可能會騙過你，一個笨嘴拙舌但潛力巨大的人可能成了遺珠之憾。那麼，你應該怎麼做呢？

觀察你培訓好的團隊成員

有些領導者總喜歡從組織外部聘用空降部隊，然後想辦法磨合。我建議你從既有的人員和此刻的基礎出發。觀察你的團隊成員，你現在應該已經非常了解他們，因為你已花了時間去認識他們、訓練他們。從組織內部尋找有潛力的領導人才加以培養的作法是有道理的，原因有三：

一、他們是熟悉的人物

和面試外面的人不同，你不必想像內部的人會有怎樣的表現，你不必依賴他們對自己的評價，你不必局限於聽取他們精心挑選的推薦人的意見。你可以透過他們的實際表現來判斷他們的能力，你可以觀察他們的長處，你可以親自跟他們共事的每一個人交談，了解他們的狀況。

二、他們已經適應企業文化

你每次從外部引進一個人，都得猜測這個人是否真的適合你的文化，並且能夠跟組織內的人員融洽相處。當人們已經在組織內工作一段時間，你會知道他們是否契合，因為他們已經是群體的一部分了。

三、他們已經建立影響力

即便是那些沒受過訓練也沒經驗的人，好的領導者都會對他人產生影響。當你試圖挑選有潛力的領導者加以培養，不妨留意他們在團隊中的影響力。這是你希望培養成領導者的人必須具備的條件，因為領導力就是影響力，不多也不少，影響不了他人的人就無法領導。

假如他們已經在你的組織中具有一定程度的影響力，就已經擁有將來可以用來完成任務的一項資產。那就像在比賽中搶占先機，當你把任務交給他們，他們能迅速動員那些原先就受他們影響的人。

如何衡量他們的影響力？我建議你套用領導力的五個層次。以下將影響力從最低到最高進行排列：

一、職位：人們因為職銜而追隨
二、認同：人們因為關係而追隨
三、成果：人們因為結果而追隨
四、發展：人們因為個人生活的改變而追隨
五、頂峰：人們因為敬重實至名歸的聲譽而追隨

安德魯．卡內基（Andrew Carnegie）是挑出潛在領導者的大師。有一次，一名記者問他是如何做到雇用了四十三位百萬富翁的，卡內基回答，那些人一開始為他工作時還不是百萬富翁，他們是因為替他工作才成了百萬富翁。記者接下來想知道，他是如何把這些人培養成如此有價值的領導者的。卡內基回答，「培養人才就像開採黃金……必須

挖出好幾噸泥沙才能得到一盎司的黃金，但你不是為了泥沙而進入礦坑。」他補充說，「你是為了尋找黃金。」[4]

我不會把不能領導的人稱為泥沙，但我肯定會把有領導力的人比做黃金。你培養人才的焦點要放在哪裡？是那些無法帶領團隊的人，還是那些有能力領導的人——組織裡的黃金？

無論你領導的是怎樣的團隊、部門或組織，你都能找到有待培養的潛在領導者。如果你不找出明日的領導者加以培養，你的潛力和未來將永遠受限。

領導潛力的樣貌

當你尋找潛在的領導人才，請記得，他們將擁有已經和你一起工作的優秀領導者具備的特質——只不過這些特質尚未顯現出來而已。你必須試著在小樹苗身上看見參天大樹的潛質。

當我尋找具有領導潛力的人，我首先會考察五個面向。觀察團隊成員以判斷誰是潛在領導者時，我建議你採取同樣的作法。

一、潛在領導者的態度：樂意

最近，我跟我的朋友達美航空執行長艾德・巴斯欽（Ed Bastian）聊起招募問題。艾德告訴我，「在達美航空，我們招聘時看重態度，然後再訓練他們的能力。永遠把態度擺第一位。」他接著說，「把其他成員樂於之共事的人帶進團隊。」[5]

態度是一種選擇，而良好態度的核心是樂意——樂意學習、樂意改進、樂意服務、樂意為他人著想、樂意創造價值、樂意做對的事、樂意為團隊犧牲。領導技能也許出自頭腦，但領導的態度源於內心。

好的領導者希望為帶領的人提供更多，勝過從他們身上得到什麼。多年來，我一直教導潛在領導者，人們不在乎你知道多少，除非他們知道你在乎他們。那意味著潛在領導者必須對他人抱持同理心。正如傑佛瑞・柯恩（Jeffrey Cohn）和傑・摩根（Jay Morgan）說的：「出於許多原因，同理心對領導力相當重要。當與操守結合在一起，它能激起信任，讓追隨者感覺自己的利益得到了照顧，從而創造正能量。當追隨者覺得自己受到領導者欣賞，他們會受到激勵，更盡心盡力完成自己的職責。」[6]

你可以感覺到潛在領導者是否擁有正確態度。當他們的心態是對的，他們會是熱情澎湃，有幹勁，積極進取，會跟波克夏公司（Berkshire Hathaway）的董事長兼執行長巴菲特一樣，極度熱愛自己的工作，甚至曾說，「我（每天）跳著踢踏舞去上班。」[7]或者和曾兩度奪得世界大賽冠軍、長期擔任洛杉磯道奇隊總教頭的湯米·拉索達（Tommy Lasorda）一樣。一九八一年，在道奇季後賽輸給休士頓太空人後的一天晚上，拉索達依舊毫不氣餒，熱情高漲。旁人問起他的樂觀態度，他說，「我生命中最美好的一天是當我率隊贏得了比賽，第二好的一天是當我率隊輸掉了比賽。」[8]

那就是你希望從你選擇培養的潛在領導者身上看到的態度，他們相信自己能成功，願意付出時間與精力。即使面對挫敗，他們仍興高采烈地繼續奮鬥，努力前進。

二、潛在領導者的特質：可靠

積極的態度很重要。但是，將我提過的種種正面態度——樂意服務、無私、同理心、成長和犧牲——凝聚在一起的，是良好的品格。品格是一切的保障，少了品格的支撐，事情會迅速崩潰瓦解。

品格的意義在於經營好自己的生活，這樣才能好好地領導別人。正如維斯蒙特學院校長蓋爾·畢比所言：「品格的形成為我們的領導力創造了可預測性。可預測性、可靠性和一致性，這三種特質確保我們的領導力是可靠的，促使人們對我們寄予信任。我們做為領導者的成效建立在信任之上。」[9]

當潛在領導者擁有為人著想的心，選擇每天樂觀積極，並維持良好的品格來不斷做出正確選擇，他們就具備了成為更好的領導者所需的意願。他們是可靠的，是你可以信任且值得你選擇去培養的人。

三、潛在領導者的能力：強大

我之前告訴過你，艾德・巴斯欽說，在達美航空，他們認為招聘時應看重態度。但這不表示他們忽視才能。他也告訴我，「我們尋找人才，因為人才能提升我們。」我得補充一句：最能提升組織的是領導人才。[10]

如果沒有人才，任何事業都不可能出色。如果沒有能力強大的人才，任何一個高度成功的組織都不可能達到今天的境地。

尋找優秀的領導者就像尋找優秀的跳高運動員，找到七個能跳一英尺高的人沒有用，你需要一個能跳七英尺高的人。領導任務太艱鉅也太複雜，不是一群普通人湊在一起就能勝任。情況越困難，領導者必須能「跳」得越高。

俗話說，一個人的天賦造就了他的成長空間。詩人愛默生也表達了類似的看法，他寫道：「每個人都有自己的天職。天賦就是召喚。有一個方向，所有空間都對他開放。」[11]對我們每一個人開放空間的方向，就是我們的天賦與才能所在。我們不僅在這個領域有能力——我們還有能力在這個領域上變得更有能力。

你如何得知潛在領導者具有特定領域的天賦才能？

- 他們會擅長這項工作——這顯示出卓越。
- 他們會有機會運用它——這創造了擴張。
- 他們會吸引其他人——這顯示出吸引力。
- 他們會樂在其中——這帶來滿足感。

有才能的潛在領導者有潛力藉由他們達到的卓越提升整個團隊或組織，並透過機會擴大組織。這是個強大的組合，因為正如諾貝爾文學獎得主索忍尼辛（Aleksandr Solzhenitsyn）所言：「才華總能意識到自身的富足，不介意與他人分享。」[12]

四、潛在領導者的戰績：通過驗證

才能不一定跟成就畫上等號。這就是你需要檢驗團隊成員的成就，看看他們具有多大領導潛力的原因。

你需要看看他們過去是否創造了成效？受過驗證嗎？他們取得了什麼成績？被交付任務時，他們是否出色地完成工作？他們是否達成並超越目標？是否交出成果？如果他們能為自己創造出成效，就有潛力幫助他人取得成功。如果他們從未帶領自己成功，就無法帶領他人成功。

優秀的領導者形形色色，各種體型、樣貌、年紀和背景都有。他們的性格各異，領導風格也不盡相同。然而，最有領導潛力的人會在人群中脫穎而出，因為他們知道如何贏得勝利。

五、潛在領導者的心態：進步

最優秀的領導者專注於改進。他們希望提升自己、他們的產品或服務、個別團隊成員、團隊整體，以及他們所屬的組織。換句話說，他們是建設者。當我談起建設者，我指的是具有以下共同特點的人：

- **建設者很少感到滿意：**建設者從不懈怠。他們奉行我在《精準成長》（*The 15 Invaluable Laws of Growth*）中傳授的「橡皮筋法則」。[13]這條法則說，當你的現狀與你真正的潛力之間失去了張力，成長就停止了。建設者喜歡傾盡全力突破自己。或者如印第賽事（Indy race car）賽車手馬里奧·安德烈蒂（Mario Andretti）所說：「如果一切似乎都在掌控之中，那顯示你開得不夠快。」[14]

- **建設者對不確定性處之泰然**：改變是常態，而且是進步的必要條件，但改變也帶來了不確定性。對此，建設者不會感到不安。他們知道自己有時必須在不具備所有答案或者資訊有限的情況下向前邁進，但他們義無反顧地勇往直前，相信自己能找到必然存在的答案，而進步將隨之而來。畢竟，不確定性是領導力的機遇，不確定性越大，越需要優秀的領導者找到方向，帶領其他人一起前行。建設者持續尋找打開大門並不斷成長的方法，他們知道，當沒有什麼是百分之百確定的時候，一切皆有可能。
- **建設者是急切的**：在我們的世界，進步可以分為兩種。有些是你必須努力爭取的，有些是你必須耐心等待的，建設者擅長的是透過不斷地努力取得進步。我的朋友高地教會主任牧師克里斯．霍奇斯（Chris Hodges）絕對是個建設者，他曾經說過，願景差距是我們**正在做**和**可以做**的事情之間的距離。建設者總是迫不及待想消弭此一差距。
- **建設者有感染力**：最近，麥斯威爾領導力中心開始在波蘭培訓認證教練。籌畫期間，我們一位來自波蘭的教練伊瓦娜．波科瓦思卡（Iwona Polkowska）安排了一次電話發布會。在預定開始的幾分鐘前，她和我聊到，會有超過一千人連線，我感到驚歎，並向她表示祝賀。但伊瓦娜非常淡定。她說：「這只是個開始。你知道波蘭有三千八百萬人口。」這讓我興奮不已，我可以預見伊瓦娜在她的國家宣傳這項訓練會為人們帶來多少價值。

建設者對他們的工作和未來充滿熱情，而他們的熱情會鼓舞其他人加入他們的行列共同奮鬥，他們的拚搏精神會傳播開來。時間不夠？他們會找到時間。經費不夠？他們會找到經費。人手不足？他們會找到人手。他們是怎麼做到這些的？藉由鼓舞他人加入並幫助他們。

建設者的最大本質是，他們永遠在建設。他們不只是說說而已，他們有實際成就，而他們的戰績是未來表現的重要指標，這使他們有資格嘗試成功地領導他人。

招聘對的人

挑出合適的領導人選加以培養是非常重要的。長期執掌 NBA 波士頓塞爾提克隊（Boston Celtics）外號「紅頭」的奧拜克（Red Auerbach）說：「遴選人才比在他們上任之後管理他們更重要。如果你從對的人開始，以後就不會出現太大的問題。如果你無論出於什麼原因任用了錯的人，你會陷入大麻煩，世界上所有革命性的管理技術都救不了你。」[15] 擁有偉大團隊的唯一方法，就是發現並找到合適的人選，然後培養他們成為領導者。

他們會追隨你並接受你對他們的人生的投入嗎？這取決於你的領導力。《領導力21法則》中的「接納法則」說：「人們先認同領導者，然後認同他描繪的願景。」[16] 此外，《領導力21法則》中的「敬佩法則」說：「人們自然而然追隨比自己強的領導者。」[17] 這表示如果他們比你更善於領導，就不會追隨你，如果你的領導能力是五分（滿分十分），就不能指望領導能力在六分或以上的人追隨你。如果你想領導並培養較高素質的人才，就必須不斷努力成為更好的領導者。

儘管我大力主張在自己的組織中物色領導者，但有時候，你無法從內部找到你要的人才，必須向外搜尋。不過，基於種種未知數，引進外部人才也會帶來另外的挑戰，我認為最大的未知數是文化相容性。

我在《Inc.》雜誌上讀到紐約 Triplemint 房地產經紀公司執行長兼聯合創始人大衛・沃克（David Walker）的一篇文章，[18] 沃克在文中給出了關於招聘的建議。他說，「如果有一件事會讓每個創業家徹夜難眠，那就是招聘，招聘最頂尖的人才是一項巨大且永無止境的挑戰……儘管每家公司的文化不同，但有四個問題可以幫助你判斷某個人選是否適合公司文化，不論你的公司落在文化光譜的哪個位置。」

以下是他所說的四個問題：

一、你上一家公司的文化如何幫助你一展所長，或導致你綁手綁腳？

二、你遇到過最好的上司有哪些特質？

三、請描述你如何處理與某位同事的衝突。

四、你期望在此職位上收到怎樣的回饋意見？希望多久收到一次？

我很喜歡沃克的方法，原因是：第一個問題幫助你了解應聘者上一個雇主的企業文化，第二個問題幫助你了解他們對領導力的看法，第三個問題幫助你了解他們的人際關係能力，第四個問題幫助你了解他們對回饋意見的期望。

沃克說：「我曾聘用幾乎完美契合企業文化的優秀員工，也曾聘用差強人意的員工最後以失敗告終。招聘不可能百發百中，無論你多具慧眼，總會有犯錯的時候。」

如果你不得不引進外部人才，我認為事先把期望說清楚是很重要的。在我的著作《領導11變》（*Leadershift*）中，我寫到我們在人員加入團隊時對他們設定的期望。我們告訴他們：

- 「重點不是我——也不是你——而是大局。」
- 「你要不斷成長。」
- 「你必須尊重他人。」
- 「要勇於負責。」
- 「我們不會迴避艱難的對談。」[19]

雙方越有共識，成功的機會就越大。

如果你想領導成功的團隊或組織，就需要挑選對的人培養成領導者。你帶進團隊或選擇培養的每一個人，都會讓你變得更好或更壞。彼得．杜拉克說過：

做出正確的人事決策是管好一個組織的最終手段。這類決策透露出管理層的能力、價值觀，以及他們是否認真看待自己的工作。無論管理者多麼努力為他們的決策保密（有些人仍然設法這麼做），人事決策是藏不住的，而且極其醒目……不努力做出正確人事決策的高層主管，不僅面臨績效不良的風險，還可能失去組織對他們的敬重。[20]

如果你能了解你的團隊成員，好好訓練他們並仔細觀察，你就大幅提高了做出正確人事決策的機會。你可以選到合適的人才培養成領導者，正如你需要知道尋找怎樣的潛在領導者，你也需要知道你的發展目標。那就是下一章的主題。

行動步驟

一、花時間與每一位團隊成員相處，藉此熟悉或重新熟悉他們的個性、能力、工作習慣和過往紀錄。

二、計畫對每一位團隊成員進行評估。針對本章列出的每個特徵，從一到十分（滿分十分）為各個成員打兩個分數。第一個分數評估他們目前的能力。第二個分數代表你認為他們具備的上升空間。

姓名	態度	特質	能力	生產力	進步

三、哪些人特別出眾？誰擁有最高的起始分數？誰有最大的上升空間？這兩種人都能被培養成領導者。選出你手中最優秀的人員，邀請他們加入領導力發展課程。

四、如果在你的評估之下，你認為團隊中沒有一個人具有領導潛力，那麼在你採取行動向外招聘之前，先向了解你的團隊或者是值得信任的主管徵求意見，看看他們是否認為有誰具有潛力，你是否有可能錯過組織中的現有人才？如果其他主管同意你的看法，那麼也許是時候招募具有潛力的新團隊成員了。如果你這麼做，在開始培養新進成員成為領導者之前，你必須要先了解他們、培訓他們。

06 ▼邀請有潛力的人加入領導席

我向來熱愛文字，也喜歡玩詞彙遊戲，那或許是因為我從事溝通與寫作已有四十多年。我最喜歡的一個詞是「桌子」，這是個簡單的詞，但會讓我產生許多正面聯想。原因何在？我這一生最富足的經驗，有許多都圍繞著桌子發生，這一切始於我童年時期與父母、兄弟姐妹圍著家裡的桌子吃飯時。在我的人生中，桌子一直是歡樂的聚集地，隨著年紀漸長，桌子也成了我自己和其他人發生轉變的地方。

以「餐桌」這個詞為例。餐桌可以做為很棒的學習社群，沒有什麼比美食和契合的對話更令我享受了——相信我，兩者我都渴望。我喜歡挑一家好餐廳，邀請人們和我一起圍坐在餐桌旁，然後向他們提出問題，製造深入的對談。這很神奇，當出現這種情況，我會對餐桌旁的人產生更深入的了解，並學到可以改善生活的新事物。

另一個例子是「圓桌」，圓桌可以創造互助團體。我成立的兩個非營利組織致力於成為改革社區與國家的觸媒，我們實現這個理想的方法，是透過圓桌會議傳授價值觀和領導力。在圓桌會議上，一小群男男女女聚在一起討論他們的經歷，將以價值觀為基礎的課題運用到生活中，監督彼此產生正向的改變。

我最喜歡的詞是「領導席」，因為它可以成為未來領導者的成長團體。顯然，這裡說的領導席不必是一個名副其實的坐席。擁有一張有許多席位的領導桌，意味著在你的組織或團隊創造一個地方，讓人們在這裡學習、實踐領導力、經歷成功或失敗，得到發光發熱的機會。

擁有一張開放席位的領導桌，也許是展開領導者培養過程和吸引新領導者的最佳方式，不論人才來自組織內部或外部。我為什麼這麼說？因為對於有領導潛力的人來說，沒有什麼比受邀坐上領導桌更誘人的事了。

我的著作《領導力21法則》中的「磁力法則」指出，你是什麼樣的人，就會吸引什麼樣的人。[1]有領導潛力的人會希望跟其他領導者相處。他們想要觀察強大的領導力，想要談論它、體驗它，那會激起他們的熱情。真正的領導席是讓每一位具有領導潛力、領導欲望和學習意願的人都能坐下來，成為領導團隊一員的地方。

加入席次的邀請函

我還記得早年受邀加入領導席的一次經歷。那是一九八一年，我剛剛搬到聖地牙哥不久。我當時三十歲出頭，在組織中擔任領導職已有大約十年時間，但經驗相當有限。我受邀參加在洛杉磯舉行的一場領袖會議，我感覺自己被徵召到了大聯盟，因為我敬佩的許多領導人都會出席那次會議。

我仍然記得那種自慚形穢的感覺，因為其他受邀的領導者都遠比我更有經驗、更成功。我的每一分自我懷疑都劇烈膨脹，我能融入嗎？他們會接受我嗎？我能做出任何貢獻嗎？

會議當天，我一走入會議室，所有恐懼立刻煙消雲散。發生了什麼事？群體中最有影響力的領導人，也是我敬佩多年的查克・司溫道牧師（Chuck Swindoll）看見了我，徑直朝我走過來。

「約翰，真高興你能來。過來跟我們一起坐，」他一邊說，一邊領著我走到他的桌邊。「來，坐我旁邊，我好把你介紹給其他領導人。」

受邀坐上那張領導桌對我意義重大，因為那是我記憶中第一次受邀加入我可以從中學習的高階領導團體。那確實打開了我的眼界，讓我看到我的領導力的更大可能性。

無論你處於哪個領導層級，都可以創造一張領導桌，讓那些尚未達到你的領導層級的人才前來、受到熱烈歡迎、嘗試領導工作。領導席不該是精英獨享的尊榮，而是人人都有機會的開放式邀請。任何一個有領導潛力的人都可以得到機會，什麼人有能力站出來有效地領導，常常會讓我們大吃一驚。

Iclif領導力與治理中心執行長兼企業領導力與策略顧問拉吉夫・裴夏瓦利亞（Rajeev Peshawaria）在他的著作《老闆太多，領袖太少》（*Too Many Bosses, Too Few Leaders*，暫譯）中說：

> 問題是，在當今這個瞬息萬變的世界，找出少數幾個人，為他們貼上高潛力標籤，然後不成比例地投資他們的發展，這種作法是否仍有意義？如果世界發生了變化，以至於五年後需要的潛力類型與今天用來鑑別高潛力的標準截然不同，該怎麼辦？那些大器晚成的人——早期也許不怎麼突出，但日後可能變得非常有價值的人呢？那些沒有被遴選為高潛力人才的人員，在士氣上所受的負面影響呢？
>
> 出於上述種種原因，也許是時候重新思索鑑別和培養高潛力人才的「最佳作法」了。鑑於當今商業的不確定性，以及影響我們生活的重大力量……我們不可能判斷誰會

是明天的思想領袖。與其將所有雞蛋放在早先指定的高潛力人才籃子裡，企業應該給每個人餵養類似的發展計畫，讓金子自己發出光芒，藉此擴大培養未來領導者的機會。[2]

不是每個受邀上桌的人都會成為有成效的領導者，邀請某個人上領導桌也不代表他會一直擁有席位。**領導席的目的是用來吸引有領導潛力的人，看看他們是否會成為領導者**，基於這個原因，你應該盡可能擴大領導桌的規模，容納更多有潛力的人才。別擔心，最優秀的領導者自然會脫穎而出。

領導席上會發生什麼？

要開始培養潛在領導者，並讓你的團隊或組織對其他潛在領導者有吸引力，你需要確保你的領導席會發生以下狀況：

一、讓他們接觸領導環境的文化

領導環境自有一套領導文化，因為領導者會以領導者的方式思考和行動。他們掌握大局也關注細節，既在意人員也在意程序，他們權衡士氣和動力之類的無形因素，也評估利潤底線，正如我在《領導力21法則》中的「直覺法則」傳授的，領袖用領袖直覺來衡量一切。對於從未經歷這種環境的人，領導者的工作方式、思維習慣一開始可能令他們感到陌生。

布萊恩·沃克（Bryan Walker）和莎拉·蘇萊（Sarah A. Soule）在《哈佛商業評論》的一篇文章中說：「文化就像風，來無影去無蹤，但它的影響卻是看得見也摸得著的。當它順著你的方向吹，你會一路順風順水。當它逆著你的方向吹，一切都會變得更加困難。」[3]如果你希望培養領導者，你需要順著風勢而不是逆風，這表示你必須把你想培養的領導者帶入領導文化中。

我的朋友，「培養領袖」組織（Growing Leaders）的創始人兼總裁提姆·愛摩（Tim Elmore）曾撰文闡述職場文化。他說：

> 你會意識到，組織的文化越好，越不需要靠政策和企業流程來強迫人們的行為。強大的文化就像高漲的潮水，能撐起所有船隻。想想那些似乎抓到要領的組織：Zappos、星巴克、福來雞、Netflix。這個道理反過來說也通。文化越薄弱，領導者越需要依靠政策和程序來約束人們的

行為。文化上欠缺的，必須靠規則來補足。掃地機器人iRobot的聯合創始人科林．安格爾（Colin Angle）這樣說道：「文化是新創公司的神奇原料。」[4]

提姆描述的，特別是指領導文化。領導文化強大的組織是靠人來指導和引領，而不是靠規則和政策。

在我的組織中，良好的價值觀奠定了領導文化的基礎，我們希望我們培養的人才擁有我們的價值觀。我們希望他們尊重他人，為人們創造價值，欠缺這些價值觀的人無法融入我們的環境，也無法成長為領導者。

福來雞是我非常欣賞的一個組織。它擁有傑出的文化，人們大排長龍不僅是為了美食，也為了成為他們的經營者和員工。馬克．斯托里（Mack Story）是一位成績斐然的麥斯威爾領導力認證教練，他在文章中描述福來雞：

填補職缺的時候，若能從兩百五十份申請書精挑細選出一個「合適」人選，你覺得如何？從少數幾名申請者中挑選，或從兩百五十名申請者中挑選，哪種情況更可能挑出一支更好、更強大的團隊？那麼多人到福來雞求職是有道理的。原因就在於福來雞的特質。

只要有錢，任何人都能購買同樣的設備、在同樣優越的地點蓋同樣類型的建築。許多人也都這麼做了。但是他們沒有得到同樣的結果。為什麼？因為大多數人做的不是栽培人才的生意，他們做的是速食生意，而福來雞則培養為他人服務的人才，因此他們吸引了重視成長與服務的人員。當然，他們有幸將不符合條件的人拒於門外，但他們得以挑選那些與他們價值觀一致的人。

據我觀察，許多組織做的是「營利」生意，他們的運作方式跟從事人才培育業的組織大相逕庭。諷刺的是，**那些從事人才培育的組織往往更賺錢，因為說到底，負責創造利潤的，是人。**[5]

企業環境是組織內部價值觀的體現，是人們行為的總和，而不是你希望它該有的樣子的映射，人們總是有樣學樣——而且會持續下去。人們持續的、習慣性的行為創造了文化。

當領導者聚在一起談論領導力，並攜手實踐良好的領導力，就會創造領導力環境，當他們長期持續這麼做，就會創造領導力文化。當你邀請一位或多位潛在領導者加入領導席，他們就得到機會透過了解領導者的思維、價值觀和工作方式來學習與成長。當潛在領導者開始採用同樣的方法，他們就已踏上領導力的開發過程。

二、鼓勵他們參與領導席上的交流

如果你沒有足夠多的成熟領導者來組成一張領導桌，你就需要自己搭一張。創造一張領導桌可以讓你為團隊成員提供一個良好環境，幫助他們成長、學習並開始接觸領導力的決策過程。它可以成為塑造領導者的絕佳工具，但你必須有意識地帶領人們走過這個成長過程。

我曾有幸多次到義大利佛羅倫斯度假，每回造訪，我一定會拜訪學院美術館（Accademia Gallery）觀賞米開朗基羅的大衛像。據說，米開朗基羅在被問起他的傑作時曾說，這尊雕像原已蘊藏在石頭之中，他只需要鑿掉雕像周圍的石塊即可。[6]

那就是領導者要做的。他們在人的身上看見未來的領導者，然後幫助他浮現出來。或許這就是為什麼教授兼暢銷書作家布芮妮．布朗（Brené Brown）將領導者定義為「負責發現人們身上的潛能……並勇於開發該潛能的人」。[7]

過去幾年來，我的組織發現了圓桌會議在促進個人成長和開發領導力上的力量，要求人人參與的小團體聚會，可以產生非常強大的動能。人們發現新的構想、思維受到挑戰，被鼓勵運用所學，並且督促彼此對人生做出積極的改變。我的非營利組織已訓練全球成千上萬名領導者主持價值觀圓桌會議，這些領導者幫助了數十萬人在品格、領導力和積極生活等方面得到了成長，對人們的人生產生了深遠的正面影響。

我們的麥斯威爾領導力認證教練也透過我的著作《從內做起：頂尖領導大師淬鍊25年的10堂課》（*Developing the Leader Within You 2.0*）接受有意識的領導力訓練。他們參與領導力圓桌會議，在會中閱讀並討論各章節、鞭策彼此成長，並相互監督。在此同時，由於他們被鼓勵展開或改進他們的教練和演說事業，因此有機會將所學的知識應用到實際生活中。

當你邀請人們加入領導席，別忘了做到以下幾點：

事先對受邀者說清楚期望：當你邀請有領導潛力的人加入領導席，你需要做的第一件事情就是設立期望。你需要告訴他們：

- 小組的形式是坦誠的討論
- 小組的環境充滿鼓勵氣氛
- 小組的每個人都必須參與
- 沒有任何問題是不好的問題
- 每個人的目標都該是為共享的知識增加價值
- 圓桌會議的目的在於應用而不是獲取資訊
- 每個人都有責任兌現承諾

忘掉自己，專注於他人：做為圓桌會議的領導者，你的角色不在於教導他人。你的目標是提出問題，促進討論。坦白並真誠地述說你自己和你的歷程，但專注於他人，給予他們百分之百的注意力。在領導桌上你要高度重視每個人，並抓住每個機會肯定他們說的話。

期許他們對圓桌會議增加價值：領導者為他人所做的，就是創造價值。做為團體的領導者，你需要以身作則，盡最大力量為與會者創造價值，並鼓勵其他人也這麼做。只要可能，讓人們組隊跟彼此分享對他們幫助最大的心得，這可以增加學習，並讓人們得到為他人創造價值的體驗。

鼓勵每個人採取行動：知識不是成功的關鍵，知識的運用才是，這就是我們成長的方式。因此，當領導者和潛在領導者聚在一起，必須始終把目標放在行動。

多年來，我一直在傳授我所謂的 **ACT 行動三部曲**，這三個字母分別代表**應用**（apply）、**改變**（change）與**教導**（teach）。每當我置身於某種成長環境，不論是圓桌會議、研討會或其他會議，我總會仔細聆聽可以採取行動的地方。我鼓勵你用這個方法幫助團隊中的人，在每次會議結束時，根據討論內容詢問大家：

- 「你能在生活中應用什麼？」
- 「你能怎樣改變自己？」
- 「你可以教導別人什麼來幫助他們？」

然後在下一次會議一開始，要求每個人談談他們在上一次會議承諾採取的行動，並分享他們貫徹執行的過程。

你會很驚訝地發現，當人們發現別人會問起這件事並監督他們行動，他們能多麼快速地開始運用他們學到的知識。

觀察領導席上的目光：主持領導力圓桌會議的最大好處之一是，你能看到潛在領導者在領導席上嶄露頭角。你得知其他人都是如何思考與解決問題，觀察他們如何與他人溝通，獲悉他們的性格和後續行動，而且你可以看到別人如何回應他們。在群體中比他人看得更遠、看得更早的人，開始顯露出他們領導者的地位，其他人本能地察覺到這一點並尊重他們。當你提出問題，你會看得出來他們的影響力，因為其他人會開始向他們尋求答案，最傑出的領導者會顯得特別出眾。關注他們、追蹤他們，以便日後給予他們更個人化的發展。

三、讓他們從接近的力量中獲益

歷史上有一段時間，大多數人靠著在大師級工匠門下當學徒來學習一門行業或技藝。學徒會跟著工匠到處走動、觀察他的工作、協助他、在學得入門知識之後提問請教，最終在師父的監督下練習這門技藝。但今天的學習過程通常如何進行？人們在課堂上聽課、觀看影片或閱讀書本。做為一個寫書並向觀眾授課的人，我珍視這些過程，但跟與領導者近距離、親身相處的「同桌」經驗依然大大不同。

我最近看到關於學習的一些有趣的統計數據：

- 學了理論之後，會將新技能用於實踐的學習者＝5％
- 學了理論並觀看示範之後，會將新技能用於實踐的學習者＝10％
- 學了理論、觀看示範、並加以練習之後，會將新技能用於實踐的學習者＝20％
- 學了理論、觀看示範、加以練習、並受到糾正之後，會將新技能用於實踐的學習者＝25％
- 學了理論、觀看示範、加以練習並受到糾正，同時得到現場指導與指引之後，會將新技能用於實踐的學習者＝90％[8]

做為學習者，沒有什麼可以取代親身參與，並接觸那些知道自己在做什麼、可以指導你並給予你回饋的人，這需要近距離相處。

在領導力的培養上，耳濡目染的重要性更勝於口頭傳授。那就是為什麼對潛在領導人才而言，學習領導者如何思考、解決問題和採取行動的最佳方法，就是花時間與領導者同桌相處。

有機會參加策略會議總能令人大開眼界，聆聽領導者如何攻克議題、看他們如何做出選擇、觀察他們如何互相交流，這些都是潛在領導者可以從你身上得到的最好禮物。

會議室可以成為潛在領導者的課堂。

當然，還有其他有意為之的作法，可以讓領導者和潛在領導者聚在一起相互學習。例如，我每年都會舉辦一項麥斯威爾領導力活動，帶領一百二十位領導者前往不同的城市體驗領導力。這項名為「交流」的活動備受歡迎，總是銷售一空。為什麼？答案就是領導者之間的近距離相處。在三天的時間裡，來自各行各業的領導者齊聚一堂，共同探討領導力並體驗成長，那就像打了類固醇的領導力展示會。許多學員在交流會中結交了一輩子的朋友，並且受課程影響改變了人生軌跡。

我幫助領導者在領導席上得到成長的另一個方法，是每個月與不同群組的領導者通電話來教導、釋疑並促進討論。科技讓我得以跟世界各地的人產生某種近距離接觸，將領導力的精神傳達給線上的每一個人。如果你需要使用科技來召集一桌領導者，那就用吧，盡一切力量建立能讓潛在領導者從中學習的領導環境。

四、讓他們實踐領導力

歸根結柢，學習領導力的唯一方法就是領導。領導不是紙上談兵，領導是個動詞，要想增進領導力，就必須開始領導，不論是以商人、志願者、員工、父母或教練的身分，每個人都必須從某個地方開始。何不讓你的潛在領導者從與你和其他可以幫助他們的領導者同桌時開始練習？

馬修．施雅德（Matthew Syed）在《一萬小時的神奇威力》（*Bounce*）一書中寫到，練習的力量比天賦更強大。他引用心理學家安德斯．艾瑞克森（Anders Ericsson）和兩位同事在一九九一年進行的一項研究，研究對象是西柏林音樂學院的小提琴學生，研究人員根據孩子們被認定的能力水準，將他們分為三組：

有能力成為國際明星獨奏家的學生

有能力加入全球頂尖交響樂團的學生

有能力從事音樂教學工作的學生

這些評等是根據學校教授的意見和學生在公開比賽中的表現而定的。

艾瑞克森發現，三組學生的經歷極其相似。他們大多在八歲開始學琴，在即將滿十五歲之際決定成為音樂家，通常受教於四位老師，除了小提琴之外，平均還學過其他一・八種樂器。剛開始學琴時，他們的天賦並沒有顯著差異，那麼差別到底在哪裡？答案是練習時間！到了二十歲，第三組人的練習時間比中間這群學生少了四千個小時，中間組比頂尖組少練兩千個小時，後者總共練習了一萬個小時。

「這種模式沒有例外，」施雅德就艾瑞克森的研究發現表示，「有目標的練習是將最頂尖人才與其餘眾人區分開來的唯一因素。」[9]

如果你想培養領導者，就要鼓勵他們開始練習自己的領導力，並為他們提供這麼做的地方，領導桌就是個起點。

我的母親常告訴我，物以類聚，人以群分。如果你想提升自己，就要找到領導力比你更強的一群人，加入他們的行列。如果你想培養潛在的領導者，就要將他們與更聰明、更有經驗、更優秀的人放在一起。要記得，如果某個人在班上穩居第一名，他就進錯班級了。

如果他們的潛力很大，在領導桌上會順勢而起，他們會開始成為你所需的領導者，讓你的團隊和組織變得更好。

行動步驟

一、你有被邀請參加或被列入領導席的經歷嗎？你何時曾與一群可以讓你學到東西的領導者相處？如果你沒有這樣的經歷，是如何拖慢你成為領導者的發展進度的？有哪些事情是其他領導者原本可以教你，但你卻不得不透過艱苦方式學會？如果你曾有這樣的經歷，列出你從中得到的所有益處。

二、如果你能找到一個既有的領導小組接納你想培養的潛在領導者，那就徵得這群領導者的同意，將你想培養的一位或多位領導者引進群體。確認這個領導小組是否歡迎發展中的領導者參與互動，是否允許他們發表意見，然後把這些基本規則傳達給你邀請的人。

三、建立你自己的領導力圓桌會議，讓潛在領導者在其中學習、成長和參與。制定他們的學習策略。你會要求他們閱讀嗎？你會帶他們參加領導力活動嗎？你會引領他們一起上課嗎？你們會從領導的角度討論你們正一起執行的工作嗎？決定圓桌會議的運作方式，然後邀請他們加入，並且一開始就說清楚期望。

四、開始放手讓人們領導。讓你正在培養的潛在領導者有機會施展他們的領導力。長期下來，你會開始看出誰是領導席上最強的思考者，誰是領導席下最強的實踐者。這兩種人都值得重視與培養。

07 釐清培養領導者的目標

在我們更深入探討之前，有必要談談你做為領導人才培育者該有的目標。邀請有潛力的人加入領導席並開始培養他們之後，你希望他們成為怎樣的人？每個組織都是獨一無二的，目標和必須完成的工作也各有不同，而且不同類型的領導者需要不同的技能，才能在各自的領域獲得成功。但是，是否存在關鍵領域是所有領導者都需要開發的？

3G 領導力

答案是肯定的。當我培養領導者，我希望確保他們在三個核心面向發展成熟，我把這三個面向稱為3G。好的領導者擁有Grounded（踏實）、Gifted（天賦）並且Growing（成長）的能力。無論他們領導誰或負責哪種工作，這三個G都為他們打下穩固的基礎，幫助他們進一步發展領導技能。讓我們一一說明。

Grounded踏實——具備令他們可靠的核心價值

龍生龍，鳳生鳳，有什麼樣的導師就會有什麼樣的徒弟，這是普世的規律。我要的是基礎扎實、踏實的領導者。我說的踏實是什麼意思呢？以下是我在穩健的領導者身上尋找的一些特質：

正直：領導者最重要的價值觀是正直。不正直的領導者注定自我毀滅，連帶把其他人拖下水。我的朋友、NBA奧蘭多魔術隊（Orlando Magic）的資深副總帕特．威廉斯（Pat Williams）曾說：「航海的一條主要規則是這樣的：船隻若要穿越暴風雨而不翻覆，水面下的東西應該比水面上的東西更有份量。操守正是如此。表面下的東西最好比你展現給世界看的更了不起，否則你永遠無法安然度過人生的風暴。」

我認為正直的人內在比外在更強大。正直的領導者有力量帶領其他人穿越風暴而不傾覆。當你準備培養新的領導者，請確認並證實他們的操守，挑戰他們在艱難情況下做出正確選擇，並在他們堅持到底時讚美他們。假如你看到領導者的誠信出現任何裂痕，請立刻處理。你的領導者需要知道標準是什麼，並獲得達標的機會，但假如他們達不到標準，就必須調離領導職位。

真實：領導力的威信如今來自真實性，而不是權力或地位。真實的人知道自己的長處和短處，不會試圖偽裝。你培養的領導者必須擁有切合實際的自我認知，既不會過分自誇，也不會妄自菲薄，他們必須坦然接受自己。就算他們擁有超群絕倫的能力，也要像南非前總統曼德拉那樣思考，他曾說：「我不想被神話，我希望做為一個有優點也有缺點的平凡人被人們記住。」[1]

如果你想培養真實的領導者，你需要以身作則展現真實，需要誠實面對自己的缺點和優點，並在上司、同事和部屬面前做真實的自己。如果你重視並展現真實，同時以相同的標準要求你的領導者，他們也會開始重視真實。

謙遜：我的導師約翰·伍登是我認識最謙遜的領導者。他常說的一句話是：「才華是天給的，要謙虛。名聲是人給的，要感恩。驕傲是自己給的，要小心。」[2]這是對領導者一句很棒的警語。

受教：有才幹的領導者往往意志堅定且充滿自信，這些都是優點。然而，才幹也可能使人變得固執，你很難教一個不願意改變、學習欲望很低的人，你浪費不起時間去培養一個不肯學習或改進的人。

當培養潛在領導者時，請留意抗拒學習的幾個跡象。我發現，受教心的發展是分階段的，你可以看看潛在領導者落在光譜的哪個位置。觀察他們是否：

一、不尋求建議
二、不接受建議
三、不排斥建議
四、聽取建議
五、歡迎建議
六、積極尋求建議
七、遵從得到的建議
八、將功勞歸給提出建議的人

觀察你正在培養的新領導者，他們分別處於哪個階段？理想狀況下，你會希望幫助他們全都達到第八階段。但假如你無法令他們至少進入第三階段不排斥建議，你或許應該放棄培養他們。

面對那些不太受教的領導者，最好的辦法就是對他們直話直說。指出他們顯示欠缺受教心的具體事例，解釋他們需要以多開放的態度接受學習才能得到你的培養，讓他們知道你會監督他們。

成熟：許多年前，專欄作家安・蘭德斯（Ann Landers）寫了一篇論「成熟」的精彩文章。文中，她把成熟描述為有耐心、毅力和自制力，並且正直、負責、可靠，那是一種願意承認「我錯了」的能力，並且能夠履行承諾、做出決策並貫徹執行。她最後改編〈寧靜禱文〉（Serenity Prayer）做為結語：「成熟是一門藝術，讓我們能平靜地接受無法改變的事情，有勇氣不計一切代價去改變可以改變的事情，並且有智慧去分辨兩者的區別。」[3]

這些都是可以培養的特質，與年齡無關。我見過許多年紀輕輕就成熟穩重的年輕人，也見過許多不成熟的年長者。樹立榜樣、重視並獎勵成熟，為你培養的領導者灌輸成熟的特質。

正直、真實、謙遜、受教和成熟，這些特質為打造強大的領導力奠定了穩固基礎。

當領導力的發展過於注重領導技巧而忽略了領導者身而為人的內在核心，那麼結果可能是膚淺且短暫的。藉由選擇踏實的人，並強化那份務實精神，你就能深入培養那些無論面對什麼都能保有堅強內在生活的領導者。那很重要。

我曾聽美式足球聯盟NFL的退休教練東尼．鄧吉（Tony Dungy）說：「當你為勝利而戰，你會把你無法完全信賴的任何一個人派上場嗎？答案是否定的。」當領導者能夠腳踏實地，你可以信賴他們。

Gifted 天賦——運用他們的長才做好領導工作

缺乏天賦是無可救藥的，能力決定了潛力，領導者的天賦是他們成長和成功的第一步。教練界有句老話：你補不了上天少給的部分。或者如我的美式足球傳奇教練朋友盧．霍茲（Lou Holtz）有一次在午餐聚會上的調侃：「我帶過好球員，也帶過壞球員。帶比較優秀的球員時，我是個比較優秀的教練。」我認為對任何領導者而言都是如此。團隊中的領導人才越有天賦和才幹，團隊的成功潛力就越大。

好的領導者善於利用自己的天賦，運用自己的長才來做好領導工作，而培養他們的人也知道這一點。當談到培養人才時，千萬不要聚焦於補強弱點，而是要始終專注在發展優勢。著重於天賦為什麼如此重要？

天賦帶來優勢——別讓他們濫用：有天賦的領導者比別人看得更遠、看得更早，他們能察覺遠在天邊的問題，能看到別人還看不到的解決辦法，他們的直覺往往能指引他們的決策，凡此種種都為他們帶來了顯著優勢。

你需要幫助有天賦的領導者明白，他們應該運用自己的天賦來帶領團隊和組織前進，而不是獲取個人利益。每一天，你培養的每一個領導者都應該自問：「我是在為自己或為他人運用我的天賦？」如果他們還不是以這種方式思考，你需要教會他們。

天賦帶來機會——別讓他們錯過：凱文．霍爾（Kevin Hall）在他的著作《改變的力量》（*Aspire*）中寫道：「我相信高效人士的思維不聚焦於問題，而是聚焦於機會。『機會』（opportunity）的字根是『口岸』（port），意指透過水路進入城市或商業場所的入口。早年，當潮水和風向合適、口岸因而開放時，人們得以進來通商、遊覽、入侵和征服。但唯有那些發現開放的人，才能趁機善用開放的口岸或機會。」[4]

當培養領導者，你需要幫助他們今天就做好準備，以便他們根據各自的天賦抓住未來的機會。那很重要，因為誰都不該等到機會降臨時才開始做準備，那時就太晚了。當遇到機會，我們需要立刻抓住它。幫助他們運用自己的長才推動團隊發展，藉這種方式幫助他們做好準備。

有天賦的人要謙遜——樹立榜樣並以此期許：你是否曾出乎意料地收到愛你的人送的絕妙禮物？也許由於曾收到母親或父親的禮物，兒時的某次生日或聖誕節在你的記憶中特別深刻；也許某個手足或密友曾送你一份很棒的禮物；又或者，你的伴侶為了某個紀念日或其他特殊情況而給了你一件非比尋常的禮物。這讓你感覺如何，感恩、激動或慚愧？

當你收到禮物，千萬不要歸功於自己——因為它是一份餽贈。不論我們與生俱來哪些天賦和能力，統統不能歸功於自己，我們並未做任何事情來贏得它們，我們不配擁有它們。我們應該心存感激，並且充分利用它們，但要記住它們是上天的贈予，這樣會令我們保持謙卑。

正如我的導師弗瑞德．史密斯顧問所說：「天賦大於個人」。他教導我，我因天賦而取得的成功比我這個人更偉大，它們超越了我的能力。他說，做為一個有信仰的人，我應該感謝上帝賜予我的天賦，祂為我做了我自己做不到的許多事。

做為領導者，請保持信念並樹立謙遜的榜樣。如果你培養的領導者感到茫然，請幫助他們建立信念。天賦為他們打開了大門，他們的勤奮則會讓這扇門持續敞開。而他們之所以應該穿越那扇門，原因是為了服務他人，而不是服務自己。

有天賦的人要扛起責任——幫助他們接受這一點：在我成長的過程中，父親經常告訴我：「多得者將來必須多付出。」[5]我必須充分運用我的天賦，這種責任感成了我人生的一部分。

一九一五年，科學家兼教育家喬治．華盛頓．卡佛（George Washington Carver）說：「沒有人有權利走進又離開這個世界，卻沒有留下走這一遭明確而正當的理由。」[6]這句話為所有人設立了很高的標準，但我認為領導者的標準甚至更高，因為他們往往擁有更大的天賦，也有潛力造成更大的影響。

鼓勵你培養的領導者負起充分發揮天賦的責任，並運用天賦來創造改變，不僅為你的團隊和組織，也為其他人帶來改變。好的領導者可以讓世界變得更美好，他們越懂得善用自己的天賦，創造的影響就越積極、越深遠。

Growing 成長——擁有持續學習與發展的渴望和能力

最後一個G和成長有關。什麼是一個領導者渴望受到栽培並有能力發展的好跡象？他已經在成長。由於我們探討的是如何培養領導者，所以成長模式是必要的。理想情況下，你正在培養的領導者應該已經有所成長，而且明白成長的過程。如果沒有，你需要幫助他們達到這一步。

你最需要幫助領導者成長的領域，就是他們的思維方式，那是成功者與失敗者的區別所在，這兩種人的思維方式存在著差距。在你培養他們的過程中，請在這幾方面挑戰他們的思維：

幫助他們建立良好的思維能力：領導者承擔不起只能坐等別人替他們思考。好的領導者是積極主動的，他們樂於接受新觀點和新作法，會考慮無形資產，例如文化、士氣、時機和動力。他們不放過一絲細節，卻始終心懷大局，迅速判斷局勢，然後根據掌握的資訊和直覺做出決策。這些行動在在仰賴良好的思維能力。

當你開始培養領導者，最重要的一件事就是幫助他們發展思維能力，首先讓他們知道你在想什麼以及為什麼這麼想。我前一章已經建議你帶他們上領導席，讓他們參與會議和討論，好讓他們學習你和其他頂尖領導者的思考方式。他們跟好的思考者接觸得越多，並且越常練習運用學到的知識，思維能力就會變得越強。

鼓勵他們擴大思維格局：大多數人的思維都太狹隘了，好領導者不可如此。為了願景和團隊，他們需要做更通盤的思考，作家兼教練大衛．舒茲（David J. Schwartz）曾說：「就成功而言，衡量人們的尺度不是英寸、磅、大學學歷或家庭背景，而是思維格局。

我們的思維有多寬闊，決定了我們成就有多大。」[7]

幫助你培養的領導人才拓展思維，挑戰他們、要求他們懷抱更遠大的抱負。面對相信自己的領導者，人們往往會努力達成他們的期許。向你培養的領導人才展示你對他們的信心，並敦促他們同樣要對自己帶領的人投以信心。當說到信心，猶如高漲的潮水能撐起所有船隻。

要求他們進行創造性思考：我認識的最好的領導者都會跳出框架思考，他們不會簡單地在線條內著色，而是會重畫整張圖。他們尋求選擇，不僅相信每個問題都有答案，還相信問題有許多種解答，並努力找到最好的解決方案。

培養領導者的過程中，幫助他們養成創造性思維能力。鼓勵他們突破可能性的界線，提醒他們以新的眼光看待老問題，並要求他們在自己帶領的團隊中保持開放心態並發揮創造力，這樣才能達到創新與成效。

期許他們以人為本：隨著領導責任加重，壓力也跟著變大。在高壓的環境下，有些領導者逐漸忘記人的重要性，轉而著重結果和制度，凡事莫不以利潤為依歸。但領導力始終與人有關，如果不把人考慮在內，你做的就不再是領導。如果你做的不能讓人們獲益，你的領導者角色就迷失了方向。

不論領導者爬得多高，也不論責任變得多重、組織變得多大、或取得多大的成功，人始終是最重要的。好的領導者永遠優先考慮人，並思考如何為他們增加價值。當你培養領導者，確保他們衷心相信並持續落實這個理念。

先上桌的領導者為其他人擺好桌子

做為領導者，我最大的樂趣就是培養其他領導者，即便在我七十多歲時，我依然為此感到興奮，一如既往。二十年前，我邀請一位領導者加入我的領導席，他的名字是約翰．維雷肯（John Vereecken）。

我第一次見到約翰是在二〇〇〇年，他當時三十五歲。他來自密西根州，但他和妻子卡拉自一九八五年起便在墨西哥生活與工作。約翰很快意識到，拉丁美洲的領導文化跟他在美國長大時的文化截然不同。

美國人有一股拚勁，相信自己可以完成任何事，而拉丁美洲人們則往往比較缺乏決斷，那些確實想領導的人透過努力取得權力地位，這樣就可以對別人發號施令達到目的。約翰想嘗試改變這種狀況，他夢想幫助墨西哥和其他拉丁美洲國家的人民奉行一種領導模式，在這種模式下，領導者為人民創造價值、鼓勵他們並為他們賦能、幫助他們成長和成功。

約翰說他讀過《領導力21法則》和《領導團隊17法則》（*The 17 Indisputable Laws of Teamwork*），那些書讓他明白自己可以成為更好的領導者，而且每一個人都可以學會領導。僅僅透過與約翰交談，我就可以看出他身上的巨大潛力，他已經做了很多，而我想幫助他做到更好。於是我說：「我允許你把這兩本書翻譯成西班牙文，隨你的意願到拉丁美洲任何地方傳授它們。」我還主動提議每年為他和他最得力的領導人才講授一次領導課程。

約翰後來承認，當我說他可以用我的資料來傳授領導力，他心想，我們能做到嗎？他不知道自己能做什麼，但他願意嘗試。不久後，他在宏都拉斯的汕埠（San Pedro Sula）講授領導力21法則，來自企業、政府、教育界和教會的人們茅塞頓開。他們意識到領導力不是地位和權力，而是影響力，可以用來幫助人們。

我看著約翰成功培訓了拉丁美洲各地的領導者，我花了更多時間和他相處，給他建議並栽培他。然後當我的非營利組織 EQUIP 準備開始在中南美洲培訓領導者，你知道我找了誰來幫我：約翰。

他的組織 Lidere 促成五十萬人參加 EQUIP 的領導力訓練，我持續與他合作，他對麥斯威爾基金會在瓜地馬拉、巴拉圭和哥斯大黎加都有重大貢獻。如今，約翰負責執掌我在拉丁美洲各地非營利組織的領導力轉型專案。

我請約翰說說他對我們的互動的看法，他是這麼說的：

您在我甚至還不知道領導力是什麼的時候就對我寄予信任。我想，「他知道自己在幹什麼，假如他認為我辦得到，那麼我猜我可以辦到，我不想讓他失望。」您多方面栽培我，借我平台，為我打開我原本不會擁有的機會。您在指導電話上、餐會上、飛機上和活動前的後台培育我，您回答問題，分享領導力的智慧與作法。您給了我領導的機會，帶領拉丁美洲的幾項大型活動，迫使我突破我的領導力上限。當您在台上與國家元首交談或對觀眾講話時，有機會為您翻譯是我這一生快速成長的最大機會。

而有幸與貴公司人員交流、在貴公司的領導文化中工作，為我提供了領導力和人際能力等方面的成長機會。

約翰．維雷肯描述的是獲邀參與領導席並得到栽培。希望你不要錯過這個重點。約翰帶著他的技能和抱負來到領導席，他想要也需要幫助。他體驗了領導席的交流互動，並受益於近距離接觸——儘管他住在墨西哥，而我們只是偶爾見面。他得到領導的機會，並抓住了這個機會。他很優秀，是個真正的 3G 領導者。

你也可以對其他人做同樣的事。你可以從現有的基礎開始培養領導者，只需要知道領導力發展的目標是什麼、你最終希望達到什麼成果。

福來雞的高績效領導力副總裁馬克・米勒（Mark Miller）對於挖掘和培訓領導者有著豐富經驗。他說：

我在想，做為領導者，我們已經有多少次沒有明確定義目標了？我想起我的領導行動未達預期效果的那些經歷……有多少次失敗可以直接或間接地歸因於目標或目的不明確？

有許多事情領導者無法為他們的手下做，但意圖永遠都要是清晰明確的，人們必須時時刻刻知道自己在努力達成什麼目標。[8]

你可以親自培養人才，使他們成為腳踏實地、天賦過人且不斷成長的 3G 領導者。你不需要是個專家，也不需要經驗老到。我第一次嘗試培養人才時才二十多歲，儘管我全力以赴，但我知道我做得不算太好。不過我沒有想過要放棄，仍然持續培養人才，我從小處開始，然後越做越好。我只是不斷邀請人們參加領導席，陪著他們一起成長，你也可以這麼做。

行動步驟

一、告訴你正在培養的所有領導者，你想和他們每個人單獨坐下來聊聊他們的核心價值，希望他們事先想清楚自己的價值觀。會談時，請他們闡述自己的價值觀、為什麼選擇這些價值觀，以及這些價值觀對他們的意義。徵得他們的同意，確保他們實踐這些價值觀。如果他們的價值觀清單並未包含正直、真實、謙遜、受教和成熟，請說明你為什麼高度重視它們，並詢問他們是否願意接受督導，奉行這些價值觀。如果他們拒絕，請讓他們知道你將無法培養他們成為領導者。如果他們同意，那就開始關注他們是否堅守自己的價值觀，並在他們做得不夠好的時候陪他們一起努力。

二、認明你正在培養的領導者的優勢和天賦。如果有幫助，請他們接受諸如「優勢識別」（Strengths Finder）或「正確道路」（Right Path）之類的評估。然後和每一位領導者坐下來討論這些優勢，看看他們是否認同評估結果，或者是否具備你沒有發現的其他優勢。請他們也找出自己的弱點。如果他們欠缺自我認識，你或許需要幫助他們培養自知之明。

三、制定計畫，讓你培養的領導者承擔那些顯然落在他們的優勢領域並需要仰賴其天賦的任務。每完成一項任務，就和他們討論其中的過程。共同確認他們的表現是否支持你認定他們具有的優勢和弱點，或者是否需要重新評估。

四、要求你正在培養的領導者多多閱讀，和他們進行團體討論，幫助他們運用學到的知識。除此之外，挑戰他們每個人各自制定一套成長計畫來培養自己的優勢、提升自己的思維。推薦書籍、podcast、研討會或課程，並提供相關資源。

08 ▼賦予新領導者領導的權能

做為領導者，你能做的最有力量的事情之一，就是放手讓你培養的領導人才發揮潛力。如果你看過蓋洛普關於員工敷衍塞責程度的統計數據，你大概會發現當今絕大多數的工作者遠遠沒有發揮自己的潛力。為什麼？因為他們覺得他們的工作不適合自己、覺得自己無法發揮優勢、對自己的工作提不起興趣。[1]賦予員工權能可以改變這種狀況。假如你賦權的對象是領導者，那麼效果會倍增，因為你賦權的每一位領導者都可以賦權給他們帶領的人，幫助他們也發揮自己的潛能。

為他人賦權的能力從何而來？主要建立在贏得尊敬、建立關係和提供賦權環境等基礎上。如果你已經做到前面七章討論的一切，那麼你已贏得尊敬、發展出領導威信，同時跟你已培訓好並開始發展的人才建立了關係。現在，你需要創造一個賦權文化，逐漸放手讓你的新領導者去領導。

有安全感的領導者才會賦權

描述賦權環境之前，我需要先說說你跟你打算賦權的新領導者的關係。如果你打算跟人們維持長期的工作關係並持續賦予他們權能，你必須受到尊敬與喜愛。如果你培養的人尊敬你但不喜歡你，他們只會在找到自己尊敬並喜愛的領導者之前暫時待在你身邊。另一方面，假如他們喜歡你但不尊敬你，他們也許會成為你的朋友，但不會追隨你，唯有雙管齊下才能帶給你賦權的威信。

《領導力21法則》中的「授權法則」說，「**唯有有安全感的領導者才會把權力交給他人。**」[2]做為領導者，我可以用兩種態度對待我的團隊。我可以試著用能力折服他們，或者賦予他們權能，幫助他們發揮長才。兩種態度無法並存。而且，如果你受自己的不安全感左右，你也無法賦予他人權能。為什麼？缺乏安全感的領導者希望成為每件事情的核心，他們喜歡覺得自己不可或缺，享受這種感覺帶來的難以置信的情緒回報。無論什麼事情，他們永遠把焦點放在自己身上，做的一切都是為了握住自己的權力，而不是將權力拱手讓人。要成為願意賦權的領導者，你必須運用你擁有的權力幫助你培養的領導者實現夢想。

在《讓步的力量》（*It's Not About You*）一書中，作者鮑伯．柏格（Bob Burg）和約翰．大衛．曼恩（John David Mann）分享了一段訊息給缺乏安全感的領導者：

> 你不是他們的夢想，你只是那些夢想的管理員。而領導者經常搞反了，認為自己不僅具備別人最好的特點，而且自己就是最好的……在你開始認為一切都與你有關、你是靈魂人物的那一刻，你就逐漸失去了影響他人生活的能力。[3]

那也是你失去能力賦予他人權能、使他們成為更好的領導者的一刻。

重視員工、有安全感的領導者會首先考慮他人。他們並非站在局外隔岸觀火；他們只是扮演了一個不那麼明顯的角色。他們幫助其他人變得更卓越，因為他們知道那些「其他人」是團隊或組織的成功關鍵。有安全感的領導者也不必每一次都贏。他們希望別人獲勝，因為他們明白那是新領導者、團隊和組織獲勝的方法。

最偉大的領導者不一定做出最偉大的事情，他們是那些讓別人有能力做出最偉大事情的人。要做到這一點，領導者需要願意放棄舞台的中心位置，必須放棄被其他人需要的需要。相反的，他們必須在賦予權能的對象成功時為之歡呼，而不是對他們的成功感到威脅。他們必須指出他人的勝利、慶祝他們的成功，那就是有安全感的關係型領導者做到的。

如何創造賦權環境

做為領導者，你可以幫助人們嶄露頭角、成長茁壯、發揮潛能。如果你所在的組織重視並鼓勵賦權，你可能發現創造這樣的環境相對容易，因為它已經是文化的一部分了。然而，如果你的組織不具備這種正面文化，你仍然可以在你的團隊中提倡並促進賦權，藉此為你培養的領導者創造出頭的空間。

看看賦權環境的六大特徵，記下其中哪些和你的組織或團隊相符，並想想如何在你領導的地方推廣它們。

一、賦權環境接納每個人的潛能

對於大多數人，人生最大的局限在於自我期許太低，大多數人對自己身上蘊藏的可能性渾然不覺。好的領導者創造環境，讓他們帶領的人們認識這些美好的可能性，而最好的起點就是他們的領導者。

我第一次到阿肯色州本頓維爾（Bentonville）的沃爾瑪總部演說時，走進大會議室之際，在門廊上讀到了這樣的話：「平凡人穿越這幾扇門，走上完成非凡事業的道路。」這就是賦權環境鼓勵的心態。

我樂於鼓勵與賦權的一位領導者，名字叫做崔西．莫洛（Traci Morrow）。她創辦Beachbody健身中心，是一位非常成功的創業家，多年來一直是麥斯威爾領導力的認證成員，最近也在我們的組織擔任成長計畫的指導員。

崔西不久前發了一封短信給我，感謝我賦予她力量。她寫道：「您一直很看重我，我也親身體驗了被您在額頭上貼上滿分十分標籤的感覺（多年來，我一直聽您教人這麼做）。我的表現也許並非總是像個滿分的優等生，但您從未藐視我，那激勵我朝十分這個數字奮起、思考、行動和成長。我感覺受到信任，並被賦予能力超越自己的極限。做為回報，我想為我有幸指導的人做同樣的事。」

崔西明白賦權環境所能釋放的力量，努力為她帶領的人創造那樣的環境。大多數優秀領導者專注於提升自己的潛力，但賦權型領導者也努力提升他們的員工，希望員工能夠超越自己。他們的心態和亨利．福特（Henry Ford）表達的恰恰相反，福特曾抱怨：「為什麼在我真正想要的是一雙手時，總得到一整個人？」[4]

賦權遠遠大於訓練人們的手去做需要完成的工作，賦權的意義是鼓勵一個完整的人奮發向上，達到更大的成就。重點在於幫助新領導者看見自己的潛力，相信他們能夠成功，鼓勵他們努力實現自己的潛能。

二、賦權環境給予團隊成員自由

人們要展翅翱翔，首先必須能夠自由地飛。你如何幫助他們擁有這樣的自由？方法是減少不必要的規則和官僚作風。一九九〇年代，諾德斯特龍（Nordstrom）百貨公司因為放手讓員工自由幫助客人而聲名鵲起，據說他們的格言是：「隨時隨地善用自己的判斷力，除此之外別無其他規則。」這就是諾德斯特龍的顧客服務遠近馳名的原因。

我曾聽過這樣一句話：「拆除圍籬之前，首先問問它為什麼被架在那裡。」每個領導者都渴望擴大自己的領地。在你培養的領導者周圍，是否存在或許曾經有用，但如今會阻礙他們進步的「圍籬」？它們是什麼？有沒有什麼限制是你可以去掉的？有沒有什麼如今已失效的計畫是你可以刪除的？有沒有什麼隨著組織的發展而不再適用的程序是需要放棄的？有沒有什麼政策會束縛住領導者，而不是讓他們有能力向前邁進？你需要願意埋葬那些阻礙領導者前進的「已死的」計畫、程序和政策。正如彼得．杜拉克所言：「屍體不會因為放久了而變得比較好聞。」[5]

創造賦權環境的領導者會給新進領導者和團隊成員自由，讓他們能夠獨立思考、嘗試自己的方法、分享他們的點子。這是培養領導者的最佳方式之一。重視賦權的組織想要的是創新型的領導者，而不是複製人。願意賦權的領導者知道，如果他們不給自己的員工設限，團隊的未來就沒有極限。

三、賦權環境鼓勵通力合作

賦權環境不僅能促進團隊成員相互配合（亦即愉快地一起工作），還鼓勵通力合作（亦即積極地共事）。

我在文章上讀過最具合作精神的環境之一，是艾德・卡特莫爾（Ed Catmull）執掌多年的動畫工作室皮克斯。在他的著作《創意電力公司》（*Creativity, Inc.*）中，他描述皮克斯的每個部門如何以賦予人們權能並鼓勵合作的理念為指導方針。他這樣描述自己的思維方式：「如果我們相信不同的觀點可以相輔相成，不必互相對立，抱著這樣的態度出發會更有成效，因為我們的想法和決策會在對話過程中得到打磨與錘鍊。」[6]

鼓勵團隊成員和新進領導者相互合作，可以減少各行其是和爭奪地盤的狀況，同時能促進創意與創新，打造更積極的賦權環境。我會在第十章更深入討論這一點。

四、賦權環境強化責任歸屬

當給予領導者行動的自由卻疏於要求他們對自己的行動負責，結果可能造成混亂。權力與責任始終需要結伴同行，領導力作家肯・布蘭佳（Ken Blanchard）寫道：「賦權意味著你有行動的自由，同時意味著你需要為結果負責。」[7]

當給予領導者自由，我們需要讓他們知道，他們有責任交出成果並維持一貫的成績。有些人認為信譽是證明過一次就可以贏得的，事實並非如此，我們每天都需要在我們做的每一件事情上重新展現一貫的能力。而新進領導者需要明白，他們永遠不會有不再需要對他人負責的時候，當人們被要求負責，總能交出更好的成果。

五、賦權環境讓領導者生出主導意識

責任感是領導力很重要的一環，問責制會促使人們接受這份責任感。然而，還有一種更高層次的承諾：主導意識。當你授權你培養的領導者去為一項工作、專案或任務做主，他們會竭盡所能地完成它，全神貫注於取得成果，從早上起床到晚上睡覺時都在想著自己的責任。他們不需要被鞭策就會付出額外的努力，而且不完成工作絕不罷休，他們感受到了主導的重責大任。

你如何判斷你賦權的新領導者是否如此投入？你如何得知人們已達到這個層次的承

諾？答案是你不再納悶他們在做什麼，或擔心他們是否會交出成果。你夜夜好眠，因為你知道對工作產生主導意識的領導者會為它失眠。這需要時間，但你需要賦予他們主導權才能實現這一點。

六、賦權環境獎勵生產力

你知道什麼事情總能辦成嗎？有獎賞的事。在當今這種只要肯試就有獎的文化中，這個概念有時會被遺忘。創造賦權環境的領導者獎勵有生產力的人。重視每個人總是好的，也是對的，但獎賞需要給予那些有實際成果的人。正如英國前首相邱吉爾所說：「僅僅盡力而為是不夠的，有時候，我們必須做需要做的事。」[8]當獎賞給予那些有實際產出的人，他們會感覺到力量。

我如何運用一〇－八〇－一〇法則為我的領導者賦權

我發展出最好的賦權方法之一，就是我所說的「一〇－八〇－一〇」法則。這是為領導者做好成功的準備、賦予他們能力達到高績效，並確保他們以成功姿態跨越終點線的方法。

這種方法真的非常寶貴，因為領導力就像游泳，不是靠閱讀就能學會，**領導者是在實踐中成為領導者的**，願意賦權的領導者會給他們機會練習。在你放手讓你的新領導者去領導時，我建議你嘗試這套「一〇－八〇－一〇」賦權方法。具體操作如下：

前一〇%——開頭好就一切好

你或許聽過「結局好就一切好」這句話，這是莎士比亞戲劇《終成眷屬》（*All's well that ends well*）的標題。這句話有一定的道理，如同這位劇作家四百多年前發明的許多名言一樣。但我也相信「開頭好就一切好」，做為一名經驗豐富的領導者，我幫助我培養的領導者有好的開始，以便他們有最大可能得到好的結局。我如何做到這一點？首先做這五件事：

說清楚目標：啟動專案時，我會把專案的要點說清楚，讓領導者知道他們需要做些什麼來完成任務：

- 願景——專案的頭腦，說明必須完成什麼。
- 使命——專案的核心，說明為什麼必須完成這件事情。
- 價值觀——專案的靈魂，說明專案必須秉持的精神。

我唯一不提的是如何做這件事情，那得由真正領導專案的人做主。我相信喬治・巴頓將軍（General George S. Paton）的建議，他說：「永遠不要指揮人們如何做事。只要告訴他們該完成什麼，他們的聰明才智會令你大吃一驚。」[9]我希望我的期望是明確的，但也希望我的領導者運用創造力來達成期望。

藉由提問幫助他們制定計畫：沒有什麼比提問更能刺激領導者思考了。我已經就這個主題寫了一整本書，叫做《好的領導者問了不起的問題》（*Good Leaders Ask Great Questions*，暫譯），所以這裡就不多贅言。但最起碼，我想強調一下我喜歡在領導者啟動專案時提出這幾個問題：

- 「有多大潛力？」這個問題讓他們意識到專案的利益空間，而他們的答案讓我深入了解領導者認為成功能帶來的好處。
- 「有什麼潛在問題？」這個問題提醒他們不利的一面，而他們的答案讓我深入了解領導者的經驗、認知和思考過程。
- 「你有任何問題嗎？」我希望盡可能為領導者提供他們所需的資訊和建議。
- 「我可以幫你做什麼？」我希望領導者知道他們有我的支持。此外，他們對這個問題的答案可以讓我覺察他們對我的依賴程度，以及渴望獨立的程度。

特定任務可能需要提出額外的問題，但你明白我的意思，目標是為你培養的領導者做好勝利的準備。

提供資源：如果人們不具備完成任務所需的條件，你不能指望他們成功。做為領導者，我確保為他們提供我知道他們會需要的資源。他們需要更多人手嗎？需要額外的資金嗎？我需要將他們引薦給另一位領導者嗎？我需要發揮我的經驗來幫助他們嗎？

給予鼓勵：我對人有信心，身為領導者，我的目標是幫助他們相信自己。我鼓勵我培養的領導者，並表達對他們的信任，幫助他們從自問「我行嗎？」，轉而問「我可以怎麼做？」。我的作法是提醒他們記住自己的長處和已取得的成就，這傳達了我對他們的信任，並給予他們成功的信心。

放手讓他們當家作主：一旦我認為我已經為領導者做好成功的準備，我便放手讓他們去完成目標，鼓勵他們承擔主動權。我喜歡作家詹姆．柯林斯（Jim Collins）在這方面的觀點。他在《為什麼A+巨人也會倒下》（*How the Mighty Fall*）中寫道：

錯的人和對的人之間有一個明顯的區別，前者認為自己擁有的是「差事」，後者認為自己擁有的是責任。對於「您是做什麼的？」這個問題，每個坐在關鍵位置上的人都不該用職銜來回答，而是要能夠陳述他們的個人責任：「我是X和Y的最終負責人。」[10]

我希望我的領導者將自己視為需要負最終責任的人。

當然，有許多不同方法可以用來放手讓人們接受挑戰。組織效能中心（Center for Organizational Effectiveness）建立了一套循序漸進的放手流程，我認為這是從新領導者變成成熟領導者的成長過程。看看他們概述的六個賦權層級：

- 第一級：研究一下。提出報告。我會決定怎麼做（賦權程度最低）。
- 第二級：研究一下。報告備選方案的利弊和你的建議。
- 第三級：研究一下。讓我知道你打算怎麼做，但在我批准之前不要行動。
- 第四級：研究一下。讓我知道你打算怎麼做，除非被我否決，否則直接去做。
- 第五級：採取行動。讓我知道你做了什麼。
- 第六級：採取行動。無需進一步報告（賦權程度最高）。

這樣的分級有一點機械化，但它可以讓人了解不同領導者可能達到的獨立程度。理想狀況下，你會希望培養那些有能力從第四級開始的領導者，然後指導他們一路進步到第五級或第六級。

中間八〇%——領導者發揮潛力的地方

領導力專家華倫・班尼斯（Warren Bennis）說：「領導力是將願景化為現實的能力。」[11]這就是被賦予權能的領導者所做的。一旦有人為他們做好成功的準備並放手讓他們發揮，他們就會實際行動把願景轉化為現實。他們如何做到？以下是我的發現：

被賦權的領導者會提出更多更好的想法：詩人詹姆斯・羅素・羅威爾（James Russell Lowell）說：「（創造力）不在於發現事物，而是在發現之後從中創造出一些東西。」[12]最傑出的領導者會採納想法並加以補充，同時鼓勵團隊成員添加其他內容。當你賦權給你的領導者，並釋放出他們的創造力和創新能力，他們會交出更好的成績。

被賦權的領導者會抓住機會：有一句老話說：「沒有任何商機會被錯過。如果你漏掉了，你的競爭對手會發現它。」你的職責是為你培養的領導者提供發光發熱的機會，他們的職責則是抓住這些機會並交出成果，這就是他們推進組織願景並證明自己是領導者的方法。你不會希望他們把力氣浪費在爭取機會上，你希望他們是為了充分利用你給他們的機會而奮鬥。

被賦權的領導者會運用他們的影響力：好的領導者會運用領導力而不是權力來完成任務。他們拋出願景、建立關係、服務他人，幫助手下做出實際成果，在必要時挑戰他們，靠的是說服而不是施壓。如果他們請求借用你的聲音和影響力來幫助他們完成這個過程，那就去做吧。為他們的行動背書，但允許他們自己去實現目標。

被賦權的領導者會引導團隊取得成功：好的領導者不會自己攬下所有繁重工作，那不是領導。相反的，他們花很多時間進行引導，他們引導會議的召開、歧見的消弭、問題的解決。因為他們知道，如果他們引導員工互動，而不是對員工發號施令或試圖親力親為，他們就能獲得團隊的最佳構想，激發出最強的向心力，促使每個人全力以赴。

作家、演說家兼溝通教練史蒂夫．阿杜巴圖（Steve Adubato）曾說：

> 無論什麼場合，出色的引導在於創造一個開放、輕鬆、互動的空間，讓所有參與者都能自在地提出問題、表達觀點。

引導能力不是與生俱來的。相反的，人們必須透過指導和練習才能學會。如果企業和其他組織希望會議、研討會、研習營或員工大會能取得成功，就必須致力於發展這種能力。[13]

幫助你培養的領導者掌握引導技巧。我所說的引導指的是什麼？

- 引導是雙向溝通。
- 引導是互動式的。
- 引導是探索性的。
- 引導是傳遞資訊和想法的一種方法。
- 引導是提出開放式問題的一種藝術形式。

如果做得好，引導會激發出所有團隊成員的最大潛能。由於它是互動式的，領導者必須根據每個人當下的狀況加以領導，這就強化了他們的領導力。

最後一〇%——結局好就一切好

當被賦予權能的領導者準備帶領團隊衝過終點線，完成他們一直在努力的專案，這就是再次介入的時機。由於我希望他們成功，我嘗試做這三件事：

盡可能增加價值：在這個階段，我問自己的一個問題是：「我還能為這項工作做些什麼，好讓我們達到更高水準或確保我們走得更遠？」如果有，我就去做。如果我能為團隊的工作補上最後的點睛之筆，增加價值，我願意去做，我喜歡把這工作看作是錦上添花。我這麼做不是為了貶低他們做的一切，而是希望補強他們的工作，以便更好地服務客戶。

表揚他們和他們的團隊：心理學家威廉・詹姆斯（William James）說過：「人性最深層的原則就是渴望受到欣賞。」[14]我堅持讚美我培養的領導者和他們的團隊，他們當之無愧，我也願意將讚美送給他們。而且時機很重要，我盡量盡快表揚他們，這通常在私底下進行，因為我希望在「汗水還沒乾」的時候給予他們認可。然而，要給予最大的讚賞，最好還是公開進行，尤其是對新進領導者。

提出問題幫助他們從經驗中學習：在為我們培養的領導者賦予權能之後，我們能為他們提供最有價值的服務之一，就是在尾聲向他們提問，幫助他們產生大局觀，讓他們從自己的成功和失敗中學習。

以下是我常問的三個問題：

- 「**你的經驗如何？**」太多領導者埋頭完成任務，從未回顧他們歷經的過程，他們只是馬不停蹄地去完成下一件事情。別讓他們這麼做，提醒他們停下來思考與評估。如果事情進展不順，他們卻說一切都好，我會發現其中的不一致，需要幫助他們提高自覺。如果事情進展順利，但他們卻只看到負面情形，我會知道我需要指導他們積極向上。最有價值的對話既揭露好的一面，也揭露壞的一面。
- 「**你學到了什麼？**」我希望我的領導者每一次被賦權的經驗都是一次學習經驗。這個問題促使領導者努力從成功和失敗的經驗中汲取心得，正如我常說的：經驗不是最好的老師——審視過的經驗才是。
- 「**你下次會有什麼不同的作法？**」這最後一個問題促使領導者主動思考，開始琢磨如何運用所學的知識。這是一個重要的成長步驟，幫助領導者的想法從「我真高興事情結束了」轉變為「我迫不及待再次嘗試」。

並非每一種情況或每一位領導者都適用一〇—八〇—一〇法則，但它對我非常有效。我建議你在你培養的新領導者身上嘗試一下，看看效果如何。如果你可以把人們推向一條好的道路，放手讓他們用自己的方法完成工作，然後在過程最後幫助他們學習，這種作法對每個人都有益。

為領導者賦予權能是一門藝術。如果你的個性不是特別外向、積極或善於鼓舞人心，你就必須努力創造一個賦權環境，使你可以放手讓人們取得成功、讚美他們、給予認可。你可以做到，這一點很重要，因為如果你不放手讓領導者去領導，他們就無法充分發揮他們的潛能。

行動步驟

一、做為領導者，你的安全感多高？當你的同事或團隊成員受到讚美和表揚，你有何感想？你是否跟他們一起慶祝，並為他們喝采？或是你暗中——或者沒那麼隱諱地——忿忿不平？如果你抱著怨恨的情緒，你必須努力克服並化解這些感受，才能成為一名願意賦權的領導者。仔細想想為什麼別人的成功會令你感到威脅。跟正面看待他人成功的其他領導者談談，學習他們的思考方式，必要時尋求心理諮詢。學習如何支持你的團隊成員和領導者，並賦予他們權力。

二、為你的團隊成員創造賦權環境。針對這種環境的每個特徵，說明你準備為了推動賦權而採取的行動。規畫時盡可能具體：

- 接納每個人的潛能
- 給予團隊成員自由
- 鼓勵通力合作
- 強化責任歸屬
- 讓領導者生出主導意識
- 獎勵生產力

三、嘗試將一〇－八〇－一〇領導力賦權方法用於你的新領導者身上。對於新領導者嘗試的每項專案，做到下列幾點：

前一〇%

- 說清楚目標
- 藉由提問幫助他們制定計畫
- 提供資源
- 給予鼓勵
- 放手讓他們當家作主

中間八〇%

- 觀察他們的行動
- 鼓勵他們

- 必要時給予指導

最後一〇%

- 盡可能增加價值
- 表揚他們和他們的團隊
- 提出問題幫助他們從經驗中學習

四、花一點時間評估領導者的表現以及一〇－八〇－一〇方法的成效，反思這次經驗。

- 你如何幫助該領導者進一步發展？
- 你可以做些什麼幫助該領導者下一次更成功？
- 你可以如何改變你的賦權方法來改進它？

09 善用領導者的內在動力

領導者最常問我的一個問題是：「我如何激勵我的員工？」這麼問是有道理的。每個領導者的組織或團隊，似乎都看得到一些欠缺動力的人，要讓這些人動起來可能很困難。理想情況下，你選中並開始培養的領導者不會不情願迎接挑戰並採取行動，但即便潛力巨大的人也可能需要推一把，我們每個人時不時都可以從一點點激勵中受益。

動力來自內在還是外在？

丹尼爾．品克（Daniel Pink）寫過一本關於動機的精彩好書，書名叫做《動機，單純的力量》（*Drive*）。他在書一開頭講述威斯康辛大學心理學教授哈利．哈洛（Harry F. Harlow）和兩名同事在一九四九年對恆河猴做的一項實驗。他們希望深入了解靈長類動物的學習過程，於是做了一個讓猴子解謎的實驗，但這三位行為科學家卻在動機議題上得到了意外發現。

當時，科學界認為動機無非源於生物需求或外部誘因。他們認為內在的生物動機可以歸結為對食物、水和性的渴望，而外部動機則源於獎賞和懲罰。但他們發現，實驗中的猴子純粹為了享受解謎過程而解謎。

品克說，哈洛的結論認為，靈長類動物（包括人類）在動機方面有第三個驅動因素，在當時是個激進的觀念。執行任務本身可以提供內在報償：「猴子之所以解開謎題，純粹因為牠們覺得解謎能帶來滿足感。」[1]

我想，任何人只要享受過為了執行任務而執行任務的樂趣，無論是打高爾夫、學習彈奏樂曲、造瓶中船，都會認為這個結論很有道理。然而品克說，這些發現「本應改變世界——但並沒有」。[2]

可能更令人驚訝的，是另一位研究者愛德華．德西（Edward Deci）二十年後在衡量動機的後續研究中得到的發現。在這些實驗中，德西要求大學生解決難題，他給了其中一些人金錢上的獎勵，另一些人則沒有。品克寫道：

人類動機的運作，似乎跟大多數科學家和公民相信的法則背道而馳。從辦公室到競技場，我們知道是什麼在激發人們前進。獎賞——尤其是冰冷堅硬的現金——增強了人們的興趣，並提高他們的表現。

然而，德西發現的，並在隨後不久進行的另外兩項研究得到證實的，跟這條法則恰恰相反。他寫道，「當金錢被用作某項活動的外部獎賞，受試者就失去對該活動的內在興趣。」獎賞可以帶來短期刺激，就像一劑咖啡因可以讓你多振奮幾個小時，但效果會慢慢消退，而且更糟的是，它會降低一個人持續執行專案的長期動機……（德西總結道，）「一個人若有意培養並增強兒童、員工、學生等人的內在動機，就不應該把注意力集中在外部控制系統上。」[3]

現在，回到我在本章開頭提到的問題。當人們詢問我是如何激勵員工的，我的答案是，我不這麼做，我不會試著去推進或拉動別人。相反的，我嘗試啟發員工，幫助他們掌握自己的動力，在他們發現自己的內在動力後，我鼓勵他們把火花搧成熊熊大火。最後，我會指導他們養成汲取自己內在動力的習慣。

如果你已善盡職責，了解了你培養的領導人才的個人特質，邀他們加入領導席，並對他們產生更深的認識，你應該已經知道他們看重什麼，以及他們如何受到激勵。如果他們還不明白自己的動力是什麼，做為他們的培育者，你的任務是幫助他們發現並善用動力。

領導者的七種動力

丹尼爾．品克找出能激發人們前進的三種內在動力。在與人們交流數十年之後，我自己列出了七種動力，其中三種和品克指出的相同。在培養領導者的過程中，我相信你會在每個培養對象身上觀察到一個或多個這樣的「火花」，你的職責是找到這些火花，並為它們增添燃料。當你這麼做，人們不僅會努力工作，還會聰明地工作，因為他們的工作和動力對準了同一方向。

一、使命感——領導者希望做他們生而該做的事

我在人們身上見過最強大的動力莫過於使命感，沒有其他動力可出其右。當人類找到值得為之奮鬥的目標，精神就會為之一振，充滿活力。有了使命感，人們「不得不然」的生活就會變成「渴望」的生活，他們為了目標而活，而不是為了掌聲。

遺憾的是，許多人還沒有找到自己的使命，因此，他們沒有為了比自己的生命更偉

大的目標而活。當人們認為沒有什麼是真正善的、對的、值得為之奮鬥與犧牲的，他們的生命就會變得虛無與貧瘠，缺乏毅力和正向的自我意識。無論他們採取什麼行動或從事什麼工作，都不會讓他們對自己產生更好的感覺或提升自我價值感。但是一旦有了使命感，一切都會改變。

大約十年前，我讀到佩吉·努南（Peggy Noonan）的一篇專欄文章，她在文中細述政治家克萊爾·布思·魯斯（Clare Boothe Luce）和總統甘迺迪之間的一段對話，對話發生在一九六二年的白宮。努南說：

> （魯斯）告訴他……「偉人就是一個句子」。他的領導力可以很好地總結成一句話，使得你不用聽到他的名字，就可以知道這句話說的是誰。「他保全了聯邦，解放了奴隸」，或者，「他使我們擺脫了大蕭條，並幫助我們打贏世界大戰」。你不需要人家明說那是「林肯」或「小羅斯福」。
>
> 她想知道甘迺迪的句子會是什麼。她勸他集中精神，設法了解他所處時代的重大主題和要求，並專注於這些事情。[4]

這類文字對我產生催化作用，使我立刻自問：「描述我的一句話是什麼？」你也是這樣嗎？當我搜索內心、尋找答案，我得到的一句話是：我為那些能為他人增加價值的人增加價值。為此，我努力成為變革的觸媒，幫助培養領導者來改變周圍的世界。

描述你的一句話是什麼？如果你已經得到答案並且正在實踐它，你將能更好地幫助你的領導人才找到他們樂於持續努力奮鬥的目標。以下幾個問題可以幫助你和他們展開探索過程：

- **天賦**：你擅長做什麼？
- **渴望**：你想做什麼？
- **認可**：人們說你在哪些方面做得好？
- **結果**：你做的什麼事能帶來豐厚的回報？
- **成長**：你在哪些事情上可以越做越好？

當領導者回答這些問題——答案只需要是一句話、一個詞或幾個字——而且答案開始出現一致性，它們就指向了使命。

我的意思是，如果領導者的才能和他們想做的事情不一致，他們就還沒找到自己的使命；如果他們自認為的才能跟別人說他們擅長的事情不一樣，那麼他們對自己才能的看法可能並不準確；如果他們無法在自己想做的事情上越做越好，那件事或許不是他們的使命。當天賦、渴望、認可和成長等因素連成一條線，並且得到他人的肯定與認同，他們很可能正在做自己生而該做的事情，否則就得要繼續尋找。

做為領導者的培育者，你的責任是引導人們走過提問的過程，並幫助他們誠實地回答。許多高階主管（甚至是組織最高層領導者）都無法看清自己，他們不知道自己的長處和短處，因此找不到自己的使命。

當你知道自己為什麼來到這個世界，並且知道自己該做什麼，就不需要任何人來激勵你，你的使命感每天都在驅使你。

此外，你還可以有所作為，喬治．華盛頓．卡佛主張：「沒有人有權利走進又離開這個世界，卻沒有留下走這一遭明確而正當的理由。」[5]認識自己的使命可以幫助領導者對他們的世界產生正面的影響。

二、自主性——領導者希望擁有掌控人生的自由

多年來，我有幸對全球許多直銷組織的人員發表演說，我總是樂在其中，因為他們的熱情超乎尋常。視團體和地點的不同，他們的產品可能有所不同，他們居住和工作所在國家的文化也可能各具特色，但他們擁有一個共同點：他們熱愛自由——選擇事業道

路的自由、自主決定工作方式的自由，以及確定個人潛力空間的自由。我可以告訴你，當我造訪過去幾乎沒有自由可言的國家，如果給人們機會體驗一定程度的自主權，他們會抓住機會，他們會因此更快樂，更有工作效率。

回顧美國歷史，你可以看到自由的力量。例如，歷史學家約瑟夫・庫倫（Joseph P. Cullen）寫道：

> 一六〇七年，當英國人在詹姆斯敦（Jamestown）建立聚落，殖民地是在公社制度下運作的，所有東西都屬於公有。並且在最初幾年裡，公社大約半數成員是由一般選擇不工作的紳士組成。
>
> 當約翰・史密斯（John Smith）成為公社主席，他想起帖撒羅尼迦後書 3:10（II Thessalonians 3:10）的經文，因此制定了一條規則：「除非因病致殘，否則不做工的人不可吃飯。」生產力瞬間一飛衝天。後來，湯瑪斯・戴爾爵士（Sir Thomas Dale）接掌公社，規定有功的個人可以擁有幾英畝田地種植私糧。當時的日記顯示，「過去三十個人的勞動收穫，還沒有現在三、四個人為自己提供的多。」[6]

你看見其中的規律了嗎？當人們擁有選擇的自由，並因自己的努力而得到回報，生產力提高了將近十倍。

丹尼爾・品克在《動機，單純的力量》中探討了自主權的力量，他引用康乃爾大學針對三百二十家小企業進行的研究，其中，半數企業給予員工工作自主權，另外半數則給予員工由上而下的指令。你大概猜得到哪一組的成效較高。但是，如果你發現提供自主權的企業的成長率是其他企業的四倍，人員流動率卻只有其他企業的三分之一，你會感到驚訝嗎？[7]

我喜歡生活中有選擇權，我相信其他大多數領導者也一樣。當你的領導人才證明了他們可以獨立工作，請給予他們更多自主權，並觀察他們如何回應。

三、人際關係——領導者希望與其他人一起做事

我人生中最大的樂趣之一，就是跟我重視的人一起做重要的事。在我的《與人同贏》（*Winning with People*）一書中提到「合夥原理」，指出與人合作會提高共贏的機率。[8] 但我想補充一點：**合作也會增加工作的樂趣**。

我無法想像沒有他人的生活，團隊合作確實能使夢想成真。人際關係鼓舞著我，我相信絕大多數優秀的領導者都是這樣。此外，我相信當我們把自己奉獻給比自己更偉大的事業，並相信它有可能帶來改變，就會脫胎換骨。而且，當我們找到志同道合的人，

與他們並肩作戰，攜手實現超過我們個人能力範圍所及的正向影響，這樣的改變就會達到一個全新高度。

讓你的領導人才有機會跟他們喜歡的人一起工作，督促他們跟團隊成員建立連結，並鼓勵他們在與他人攜手實現目標的歷程中尋找快樂。

四、進步——領導者希望體驗個人與專業成長

當我還只是個剛剛展開事業生涯的年輕領導者時，一位導師告訴我：「將你的人生用來追求某項事業、奔赴某個目標。」我想，他之所以這麼說，是因為他看見我總是在拚命工作，卻往往只在原地打轉。如果你仔細想想就會發現，你只有在有牽引力的情況下才能前進，不能光靠車輪轉動。

牽引力是怎麼來的？無非需要道路加行動。道路是我們計畫好的軌道，行動則是我們為了取得成果所做的事情。老話說得對：就算走在對的道路上，如果只是原地不動，終將會被追趕過去。擁有明確的道路並採取行動能帶給我們牽引力，讓我們前往我們想去的任何地方。

導師的話引起了我的共鳴。我向來喜歡追求成就，當我明白進步來自成長，我的生命為之改變，尤其當我把對成長的渴望跟一貫性結合起來。我想進步，所以我有意識地

學習，從不放棄。我沒有在生涯早期突然一炮而紅，我不是個「全壘打選手」，我的祕訣是每天上場打擊，想辦法上壘。

我在本書中頻頻談到成長，因為那是大多數人實現夢想所需的元素。你培養的領導者需要以小幅度、規律且漸進的步伐成長，你需要幫助他們邁出步伐。不妨遵循約翰·伍登的建議，他曾告訴球員們要**讓每一天都成為自己的傑作**。[9] 如果他們每天都在成長，日復一日，他們的生命就能成為傑作。

五、精湛——領導者希望出色地完成工作

對個人與專業成長的渴望，往往會引來激勵許多領導者的下一個動力來源：對精湛的渴望。沒有人可以在不持續成長的情況下取得精湛的技能，持續成長並不能保證精湛，但如果你不成長、不努力追求進步，就沒有機會體驗精通自己的工作帶來的喜悅。正如曾任NBA教練和球隊總經理的派特·萊利（Pat Riley）所說：「卓越是持續努力做得更好的漸進結果。」[10]

剛出任職業生涯的第一個正式領導職時，我發現只要我願意，不必費太多力氣就能輕鬆應付過去。人們很自然地喜歡我，我很健談，精力旺盛，尤其在公開演講時。我很能夠見機行事，而不需要苦幹實幹。在任幾個月後，我做了一個決定：我不會走捷徑，

不會投機取巧。即使在某些情況下，人們建議我選擇一條更好走的路，我也不這麼做。我會善用我對追求卓越的熱情，不斷努力提高我的專業技能。

運用對精湛的渴望做為動力，並鼓勵你的領導者在養成精湛技能的過程中尋找啟發，這種作法有賴正確的心態。它是一種態度。在經典漫畫《凱文與虎伯》（*Calvin and Hobbes*）中，漫畫家比爾・華特森（Bill Watterson）借六歲的凱文說出這段話：

> 我們不再重視工匠精神！我們看重的無非是無情的效率。我說啊，這麼一來我們就否定了自己的人性！少了對優雅與美好的欣賞，擁有它們就不再有樂趣！我們的生活變得更枯燥，而不是更豐富！當技術和用心被視為奢侈品，一個人如何對自己的工作感到自豪！我們不是機器！我們有對工匠精神的人性需求！[11]

老實說，在這個例子裡，凱文是因為沒交作業而跟老師編藉口，但他說的仍然表達出一個意思，那就是**追求精湛就像培養匠人精神一樣，兩者都需要時間與專注**。每個工作機會都是將技能練得更加純熟的機會，那不代表你一定會達到完美，你帶領的人也不一定會，但你仍然可以用心地追求完美。

幾年前，我去加州納帕谷的法國洗衣坊（The French Laundry）餐廳用餐，在那裡吃飯是一次難忘的經驗。這家餐廳被認為是全世界最棒的餐廳之一，這並不令人意外，一切都做到卓越，環境優美，員工出色，服務一流，食物也令人驚歎。用完餐後，我們有幸私下參觀酒窖和廚房，大廚和助手們沉著安靜地工作，我們意識到自己的眼前是翹楚中的翹楚。在我們即將離開之際，我注意到牆上掛了所有員工都能看到的一面大鐘，時鐘下面寫著「時間緊迫」幾個字，時時刻刻提醒他們保持專注，用心做事。

沒有人可以達到十足的精湛，我們都有所欠缺，但追求精湛可以促使我們不斷進步與提升。運用這一動力的領導者知道，在追求完美上，他們永遠無法衝過終點線，但他們一直在進步，並發現追求卓越的過程會帶來滿足感。

六、認可——領導者希望他人讚賞他們的成就

許多年前，心理學家亨利．戈達德（Henry H. Goddard）進行了一項研究，使用他稱為「測力儀」（ergograph）的一種儀器，測量兒童的精力。他發現，當疲憊的孩童受到褒獎或稱讚，測力儀會測到兒童的精力瞬間激增。當他們受到嚴厲指責或批評，測力儀會測到他們的體力立刻顯著下滑。

戈達德的研究揭示的真理，不僅適用於兒童，也適用於包括領導者在內的每個人。每個人都渴望得到認可、讚美和欣賞，在你領導和激勵他人的時候，千萬不要忘了這一

點，認可並讚美他們的工作表現，讓他們知道你欣賞他們的成就。

七、金錢——領導者希望經濟無虞

我想談的最後一個激勵因子是金錢。廣播喜劇演員弗萊德・艾倫（Fred Allen）說：「有許多事情比錢更重要，而這些事情都得花錢。」[12] 這是一句很妙的台詞。儘管許多人把金錢擺在第一位，我卻不然，對我來說，它是所有激勵因子中最末微的一個。

我確實認為經濟保障是值得追求的目標。財務自由是金錢能買到最好的東西，它給了人們選擇的餘地。然而，唯有當你的財力足以得到你想要的一切，金錢才會成為強大的動力。在那之前，金錢或許有很大的拉力，但在你實現一定的財務目標後，它的吸引力就會減弱——除非你有更好的計畫。

一旦你達成你的財務目標，我建議你開始專注於給予。當你體會到給予的快樂，並建立起「財富可以是一條河流而不是蓄水池」的心態來幫助他人，賺錢就會持續做為一個強大的激勵因子，推動你持續前進。我認識的許多成功領導者，都是以這種態度看待他們的財務。

培養領導人才時，要了解這七個因子中的哪幾個能夠激勵他們，然後加以利用。我從前做為年輕領導者犯下的一個錯誤，是以為我應該用我希望被領導的方式來領導每一個人，我拿激勵我的東西來激勵他人。這是個錯誤，因為他們不是我！若以同樣的方式領導每一個人，你就無法成為好的領導者。那樣做反而會令人失去動力。

藉由了解什麼能激勵你的領導者，並善用這項動力，你將給予他們持續成長與發展的活力。首先專注於最能激勵他們的動力因子，但也要盡你所能在各個方面鼓舞他們，幫助他們找到自己的使命，盡可能給他們最大的自主權，與他們建立牢固的關係，也幫助他們與他人發展良好的關係，為他們提供成長的機會與資源，鼓勵並獎勵他們追求精湛的技能。讚美他們，同時給予金錢上的回報。

從動力到習慣

做為領導者，你希望鼓舞人們挖掘自己的內在動力，但研究人員表示，這麼做有其極限。為什麼？因為內在動力往往由情緒驅動，而情緒是無法長期維持的。《驚人習慣力》（*Mini Habits*）的作者史蒂芬．蓋斯（Stephen Guise）說：

> 剛開始追逐新目標時，你會躍躍欲試，衝勁十足，希望一鼓作氣。但長期下來，當你的進展越穩定，你的整體動力可能就越低。這是因為習慣……

> 超級運動員的祕密不在於他們「動力超強」……真正令這些頂尖人士超群絕倫的，是他們在無聊透頂或疲憊不堪時仍能堅持訓練，他們的例行訓練和作息令他們保持最佳狀態……超級運動員不會讓當下的動力強弱決定他們的訓練排程，這就是他們成功的原因。[13]

我喜歡把動力想像成衝刺的力量。問題是，要在任何事情——包括領導下屬——取得成功，我們需要成為馬拉松跑者。唯有養成讓我們持續前進和進步的習慣，才能鍛鍊出長跑的能力。

所以，請開始行動，首先將你的人員與七個激勵因子中盡可能多的因子連結起來。那將幫助他們開始前進，並形成動能。但也要教他們養成積極的工作習慣，讓他們打好成功的基礎。多年來，我一直用縮寫詞 BEST 的口訣來做到這一點：

Believe in them 相信他們
Encourage them 鼓勵他們
Show them 指引他們
Train them 訓練他們

重點是訓練他們去做正確的事，並幫助他們持之以恆地做下去，直到養成習慣。人們無法決定未來，他們決定的是自己的習慣，而**習慣決定了未來**。如果你能幫助你的領導者養成成功的習慣，他們會做出正確的事，然後感覺很棒，而不是等到感覺對了才做正確的事。

當他們不必感覺動力，就能夠自然而然去做正確的事，這樣的習慣會激勵他們接著繼續前進。他們做越多正確的事，能力就會越來越強，並且越來越享受自己的工作，然後就可以實現作家約翰・羅斯金（John Ruskin）說的：「當熱忱與技巧結合，就會有傑作問世。」[14]

最好的領導者和成就最高的人總是自動自發，他們工作是因為他們想工作，他們領導他人是因為這麼做會帶來滿足，他們以工作為樂。

做為領導者的培育者，你能給予的最大禮物之一，就是幫助你領導的人掌握自己的內在動力，好讓他們每天都能領導並鼓舞他人。內在動力可以幫助領導者，將注意力從自己身上轉移到他們領導的人們身上。

行動步驟

一、如果你了解自己的動力來源，就更能了解什麼因子會激勵你培養的領導人才。回顧本章的七個動力因子，依它們對你的重要性從第一排到最後：

- **使命感**——我希望做我生而該做的事
- **自主性**——我希望自由地掌控自己的人生
- **人際關係**——我希望與他人一起做事
- **進步**——我希望體驗個人與專業成長
- **精湛**——我希望出色地完成工作
- **認可**——我希望他人讚賞我的成就
- **金錢**——我希望經濟無虞

你的答案讓你產生了怎樣的自我認識？

二、想想你的每一位領導人才。根據你的觀察，你認為是什麼激勵了他們？試著找出你認為的每個人的主要動機。

三、與你的領導人才交談，向他們介紹這七個動機因子。詢問他們是否認為還有其他重要的動機因子不在此列，然後請他們將自己的個人動力從第一名排到最後一名。在此寫下每一位領導者的排列順序：

姓名	使命感	自主性	人際關係	進步	精湛	認可	金錢

四、制定策略來幫助每一位領導者善用他們的動機因子，從他們最主要的動力來源開始。盡你所能地幫助他們取得該動力，並幫助他們養成習慣，使他們在精力下滑或靈感枯竭時仍能保持專注力與幹勁。

10 ▼ 要求你的領導者團隊合作

有什麼比一個幹勁十足、訓練有素、能力出眾的領導者更強大？答案是一群幹勁十足、訓練有素、能力出眾的領導者。還有什麼力量更甚於此？答案是同樣一群幹勁十足、訓練有素、能力出眾的領導者發揮團隊精神，攜手合作！當一群優秀的領導者聚集在一起，得到上層領導者的授權，專注於實現願景，並做為一個團隊共同努力，他們幾乎沒有什麼事辦不成。

如果你致力於開發人才，並持之以恆地培養領導者，不論你是一次培養一個領導人才，還是同時培養好幾位有潛力的領導者，最終都會帶出一群領導者。若要讓他們的發展進入下一個階段，你會希望將他們培養成一個領導團隊，但我得警告你：這可能是一項艱鉅任務。為什麼？因為領導者很難整合，要求他們一起工作可能是一大挑戰。他們都有自己的想法，而且通常更喜歡擔任團隊的領袖，而不是其中的一員。但這麼做是值得的，因為**一個好的團隊大於團隊各個部分的總和**。

一個好的領導團隊有潛力實現偉大的夢想。我喜歡我的牧師朋友克里斯・霍奇斯關於夢想的說法。他說，夢想是「你心中一個極為迷人的願景，它太遠大了，沒有他人的幫助就無法實現。」那就是每一個有夢想的人都需要團隊的原因。

如果你有夢想卻沒有團隊——夢想不可能實現。
如果你有夢想和一個糟糕的團隊——夢想會成為一場噩夢。
如果你有夢想並且正在打造團隊——夢想有實現的可能。
如果你有夢想和一個優秀的領導團隊——夢想必然實現。

如何創造領導者團隊

如果你想做一番大事，同時培養你的領導者，你需要挑戰他們，要求他們形成一個團隊共同努力。為此，請做到以下五點：

一、確保你的領導者與願景保持一致方向

馬克斯．巴金漢（Marcus Buckingham）針對團隊進行了數十年的研究，專注於了解優秀團隊的成因。多年來，他發現所謂的高績效團隊的八個成因，他把這些因素條列出來，顯示成功人士如何在團隊和個人需求間作出回應。

「我們」需要

我對公司的使命抱著滿腔熱情。
我身邊圍繞著與我志同道合的人。
我的隊友是我的後盾。
我對公司的未來充滿信心。

「我」需要

在工作上我很清楚別人對我的期望。
我每天都有機會在工作中發揮我的優勢。
我知道我的優異表現會得到認可。
我在工作中不斷面臨考驗，持續成長。[1]

我相信巴金漢觀察到的，其實是關於方向的一致。在卓越的團隊中，成員個人的使命、目標和價值觀，與組織以及其他成員的使命、目標、價值觀一致。如果你查看巴金漢的清單，會發現卓越團隊的成員擁護組織的使命，並明白他們自己的使命如何與之保持一致。他們認為自己的價值觀與長處吻合團隊的價值觀與優勢，他們感受到了組織和隊友的支持，而且，他們也看到了自己和組織的光明未來。每個人都有同樣的理念，都

朝著同一方向前進。

這樣的一致性並非偶然，而是必須由團隊的領導者促成。你必須藉由溝通來幫助你培養的領導者將願景、團隊和他們自己的長處與渴望連結起來。闡明每個領導者的貢獻，並幫助每個領導者欣賞其他領導者的貢獻。指引他們，輔導他們，找到方法進行有創意且持續性的溝通。

二、幫助你的領導者相互聯繫和關心

考察任何一個成功的團隊，你會發現成員們彼此關懷，休戚與共。這一點在軍隊的作戰部隊中非常明顯，尤其是特種部隊，例如美國海豹部隊或英國突擊隊，隊員們在最極端的情況下為彼此而戰，甚至願意為彼此犧牲生命。但是在不那麼極端的環境，例如體育冠軍隊或商業和志工組織中的優異團隊，凝聚力也顯而易見。

關於團隊凝聚力的效力，顧問保羅．阿諾德（Paul Arnold）分享了研究人員的發現。阿諾德寫道：

一九九三年，分別來自凱洛格管理學院（Kellogg）和華頓商學院的沙赫（Shah）和耶恩（Jehn）針對商學研究所一年級學生做了一項研究。他們要求每位受試者寫下跟自己最合得來的人，然後將半數受試者分成幾個相處融洽的小組，另一半則隨機分組。不出所料，在一連串的測試中，志同道合組的團隊表現優於其他團隊。令人驚訝的是差異程度，在非常平凡的任務中，他們的成績比其他團隊高出二〇%，在比較複雜的任務中，他們的成績則高出七〇%。

進一步調查後，他們發現了兩個關鍵因素：第一個因素是，在團結的團隊中，成員給予彼此更高的支持，團隊士氣高昂，這一點在平凡無奇的第一項任務中尤其重要。另一個關鍵因素在比較複雜的第二項任務中浮現出來，成員之間會起爭執，在欠缺凝聚力的團隊，沒有人願意真的惹怒其他人，所以討論氣氛是友好的，因此產生彼此妥協的決策。在團結一致的團隊中，友誼使大家能夠針對內容彼此交鋒，而不會擴大成人身攻擊，因此透過健康的辯論，做出了更好的決策。

由此，結論是，任何一群人想要達到高水準的表現，就需要建立更緊密的關係（在情感層面上）。[2]

那麼，如何促成團隊中領導人才之間的情感連結和凝聚力呢？首先從信任開始。這是交流、成長和團隊合作的基礎。杜克大學男子籃球隊總教練麥克．薛塞斯基（Mike Krzyzewski）提出忠告：「當你營造出溝通與信任的氛圍，它會成為一種傳統。老隊員會在新隊員面前為你樹立威信，即便他們對你不是百分之百心悅誠服，他們仍會說：『他值得信賴，並為我們的團隊盡心盡力』。」[3]當你打好這樣的基礎，你就能促成信任，開始建立連結。

商業講師派屈克・蘭奇歐尼（Patrick Lencioni）寫了關於團隊的大量文章，我喜歡他在《團隊領導的五大障礙》（*The Five Dysfunctions of a Team*）一書中對於信任的論述。在彼此信任的團隊中，成員會：

- 承認弱點和錯誤
- 尋求幫助
- 接受關於其責任範圍的問題與意見
- 做出負面結論之前，先選擇相信彼此
- 甘冒風險去給予回饋意見與協助
- 欣賞並善用彼此的能力與經驗
- 將時間和精力集中在重要議題，而不是勾心鬥角
- 毫不遲疑地提出歉意並接受對方的道歉
- 期待開會和團隊合作的其他機會[4]

重點是，要在團隊中關心他人，你的付出必須多於索取，這一點相當重要。如果你關心隊友，你們之間也已建立了情感上的連結和紐帶，你就會專注於慷慨付出，想辦法為團隊和隊友增加價值。你的行動不會只為了自己，不會犧牲其他隊友的利益只為追求你能得到的東西。

維斯蒙特學院校長蓋爾．畢比寫了一本關於塑造高效領導者的書，內容鞭辟入裡。他以當代管理學之父彼得．杜拉克的見解為基礎，在討論人們在組織中的行為以及對團隊氛圍和結果的影響時，使用了貪婪和慷慨兩個詞。畢比寫道：

> 貪婪破壞了團結。貪婪基本上是永無止境的，對金錢與名聲的貪念無邊無際，最終會演變成不尊重他人的需求與抱負，因為我們自己的需求與抱負超出了正常的限度與期望。這尤其侵蝕團隊，如果出現在高層管理者身上，貪婪可以摧毀整個組織。它體現在過度需要讚賞、關注或報酬，也表現在無法與他人分享鎂光燈。惡意與任性妄為是這種內在驅力的雙重表徵，根源是一種永遠無法滿足的渴望。
>
> 另一方面，慷慨則能建立團結的團隊。慷慨讓我們有施與受的能力，因為我們不被金錢或名聲左右……慷慨讓我們有能力處理我們每個人都會遭遇的起起落落——並產生積極與持久的結果。[5]

當團隊的領導者彼此信任，相互交心，團結一致，願意付出比得到的更多，團隊就能好好溝通，提高工作效率。道路不一定總是一片平坦，團隊成員也不一定總是意見一致，但他們會攜手合作，遇到問題會開誠布公地討論。這一點很重要，因為正如我的激勵演說家朋友馬克·桑布恩（Mark Sanborn）所言：「在團隊合作中，沉默不是金，而是致命傷。」[6]

做為領導團隊的領導者，你有責任幫助每個人建立連結、相互了解、一起工作。當團隊成員在專業和個人層面上對自己和其他隊友充滿信心，這群人就會更像個團隊。團結的團隊會變成有建設性的團隊。

三、確保你的領導者共同成長

要凝聚團隊成員並為他們創造更美好的未來，最好的方法之一，就是確保他們共同體驗成長。許多年前，我創造了一個有助於為領導團隊的成員設計成長計畫的縮寫詞GROWTH（成長）：

Give 給予成長的環境

Recognize 識別每個人的成長需求

Open up 打開成長的機會

Walk 走過艱難時期，陪他們一起

Teach 教導他們從每一次經驗中學習

Help 幫助他們為隊友增加價值

以下依次看看這個過程的六個環節：

給予你的領導者成長的環境：當我第一次意識到成長的重要性——不僅對我自己，也對我的團隊成員——我坐下來，仔細描述哪些條件可以促進成長。以下是我對有益於團隊成長環境的描述。

在這樣一個地方……

- 他們的前方有其他領先者
- 他們不斷受到挑戰
- 他們的焦點是前瞻的
- 團隊的氣氛是支持的
- 他們走出了舒適圈

- 他們雀躍地醒來
- 失敗不是他們的敵人
- 其他人都在成長
- 人們渴望改變
- 人們被期許成長

如果你希望團隊中的領導人才不斷成長，就需要打造我描述的這種環境。首先要從你自己做起，因為身為領導者，你可以促成上面列出的許多條件。你可以樹立成長的榜樣，並始終走在你培養的領導者前面。你可以期許成長、促進改變、向人們提出挑戰。你可以要求他們走出舒適圈，允許他們安心地失敗，你還可以鼓勵他們。做到這些事情，他們會更願意盡自己的力量去爭取成長。

識別每個領導者的成長需求：在你認識、培訓和發展你的領導人才之際，你漸漸了解他們的長處和短處，也和他們討論了他們需要如何成長。請把過程帶入下一階段，每年請每位成員分享他們希望在來年成長的兩個領域。我每年十二月都會跟我團隊中的領導者這麼做，他們指出的領域往往跟我觀察到的領域一致或相符。如果不一致，我們會就此討論，目標是對未來十二個月需要加強的領域達成共識。

讓你的領導者參與這個過程，並積極回應他們的成長願望，這會為他們激發很強的動力。你無法強行支配動力，**當人們得以積極參與自己的發展，他們會更願意為自己的發展進程負責**。

為他們打開成長的機會：當你培養領導者、幫助他們成長，不能用同一套方法對待所有人。每個領導者都不同，各有自己的背景、經驗、影響力和觀點，層級越高，成長計畫越需要個人化。

了解領導團隊成員的成長需求後，我會和他們一起擬定計畫支援他們的成長，並積極參與其中來幫助他們。例如，如果領導者需要在發展人脈的領域上成長，我會介紹他們認識能幫助並拓展他們的人；如果他們需要更多領導經驗，我會把我知道能促使他們在所需領域獲取成長的專案交給他們；如果他們缺乏遠見，我會為他們介紹能激發他們夢想並渴望更多的經歷和人。

無論他們需要什麼樣的成長，我會專注於為他們提供機會，讓他們認識新的人、去新的地方並獲取經驗，藉此滿足他們的成長需求，幫助他們成熟綻放。

陪他們走過艱難時期：我發現困難時期能提供最大的成長經驗。為什麼？因為挑戰會促使我們尋求幫助，更願意接受新的想法，做出能幫助我們走出困境的改變。當你的領導者遭遇困難，如果你願意與他們並肩同行，幫助他們度過難關，你就有能力為他們增加價值。

我發現幫助年輕領導者特別令人滿足，因為他們非常樂於接受協助。我讓他們知道他們並不孤單。風雨飄搖的時候，我會給他們信心。迷途的時候，我會為他們指點方向。而且我會回答他們提出的任何問題。我不僅能幫助他們成長，我們之間的情誼也往往隨之加深，留下永久的印記。

如果你把領導者的困境視為給予慈悲的幫助，並加以溫和導正而非告誡和糾錯的時機，你就能夠幫助他們，對他們的生活產生正面影響。

教導領導者從每一次經驗中學習：我相信每一次經驗都能為我們帶來啟示。但是太多人過於關注他們的損失，而不是其中的教訓，以至於未能從經驗中學習。當我想幫助領導者成為更好的團隊成員，我會把重點放在汲取心得。

在第九章，我說明了我如何運用一〇－八〇－一〇方法為個別領導者賦能，其中一部分流程就是在結尾端提問，我也喜歡對我的團隊這麼做。在共同走過一次正面或負面的經歷後，我會教我的團隊進行評估。我們會問自己：「做對了什麼？做錯了什麼？我們學到了什麼？該如何改進？」共同的經驗是領導者做為一個團隊共同成長的絕佳機會，在團隊中提問與回答問題有助於促成這一點。

幫助領導者為隊友增加價值：毫無疑問，領導者和成功人士往往非常好強，喜歡獲勝。有時，做為團隊領導者，你必須挑戰那些習慣單打獨鬥的人，要求他們一起為團隊取勝，當他們具有所謂的零和（zero-sum）心態時尤其必須要求他們。我喜歡投資網站Investopedia對「零和」的解釋：

> 零和是賽局理論中的一種情況，其中某個人的收益等於另一個人的損失，所以財富或利益的淨變化為零。
>
> 撲克和賭博是零和遊戲的常見例子，因為某些玩家贏得的金額，等於其他玩家輸掉的總和。西洋棋和網球這類只有一個贏家和一個輸家的賽局，也屬於零和遊戲……零和遊戲的相反是雙贏局面（如大幅增加兩國貿易的貿易協定）和雙輸局面（如戰爭）。[7]

好的領導者會告訴大家，團隊中的某個成員贏得勝利，不代表其他人一定會輸。團隊成員在任何時候以任何方式幫助彼此成長或為彼此增加價值，都不會損害他們的個人利益，那只會讓團隊的力量倍增。

已退休的NBA教練菲爾．傑克遜（Phil Jackson）曾以球員身分贏得兩次NBA總冠軍，以教練身分贏得十一次。他說，他的球隊在賽季的座右銘是：「狼群的力量匯聚自孤狼，孤狼的力量源自於狼群。」[8] 團隊中的每個人都一起努力，那就是你希望灌輸給你領導的團隊所有成員的心態，他們需要明白，除非每個人都到達目標，才算真的達標。

四、部署你的領導者，使他們相輔相成

我寫過很多文章描述我有幸跟約翰．伍登教練一起經歷引導課程，這些課程留給我非常深刻的印象。在其中一堂課中，我問他是怎麼做到讓這麼多偉大球員凝聚起來，拿出如此優異的團隊表現。

「這並不容易，」他簡單地說。然後，他說了讓我永難忘懷的一句話。「每個球員都必須要擁有自己的位置，以及超越自己的目標。」這是對樂於團隊合作的人們的完美描述！

《領導團隊17法則》中的「人盡其才法則」指出，每個成員都有一個能創造最多價

值的位置，[9]那個位置是他們最能運用自己的最大長處，為組織創造最大貢獻的地方。關於團隊成員知道自己在團隊中的位置這件事情的重要性，以及由此帶來的好處，我很喜歡領導力顧問安娜·洛巴克（Ana Loback）的說法：

我們的研究表明，更清楚自身長處的團隊擁有顯著的優勢和更好的表現，最終並擁有一個更正向的環境，促使團隊成員彼此信任。含糊不清會滋生不信任，產生不安全感。角色與責任越明確，團隊中每個成員的動力來源與激勵因子越清晰，個人就越容易知道自己可以期待什麼，以及別人對他們抱著怎樣的期待。

了解你自己的以及隊友的長處，有助於明白團隊整體的動力來源和激勵因子，以及成員們彼此如何在優勢領域上互補。

分享彼此的優勢，（讓其他人知道）你可以做什麼，這樣可以創造更積極的環境，促進合作與承諾。此外，也要分享你的績效風險，以及你可能受指責的地方，將一切攤在陽光下，以此建立信任，改善溝通。[10]

做為團隊領導者，你需要推動這個過程。或者正如約翰·伍登說的：「我幫助我的球員找到最好的投籃點，為他們的成功做好準備。」做為領導團隊的領導者，你需要做類似的事。是什麼樣的事？

了解職位要求：若要好好部署團隊中的領導者，你就需要了解每個職位的要求。你的領導人才需要具備那些技術和能力來完成工作或專案？如果你無法從經驗中得知，不妨請你的團隊幫忙分析，然後由你來引導討論。

了解誰的優勢符合職位要求：如果你很了解你的領導人才，熟知他們的才華、技能、長處和短處，也知道他們的性格和脾氣，你就能很好地判斷每個職位的最佳人選。這就是你之前為了培養領導者做的一切努力真正得到回報的地方。太多時候，那些不肯花時間了解員工的領導者只是把人扔到工作職位上，期望這樣就能得到最好的結果，那不是領導團隊的方法。

當你部署團隊中的領導者，請牢記兩件事。各項工作做得最好的人分別是誰？如果你將領導者放在這些職位上，他們之間的合作與互補效果如何？團隊成員之間的互動會影響團隊的成功，影響力不亞於每個人在各自職位上的工作效能。

知道何時調整：團隊領導者的職責是在適當時機做出適當的調整。這通常得憑直覺。你需要給你的領導者足夠時間和空間來解決問題並取得成功，但你也需要知道何時該做出改變。如果你太早把領導者撤出某個角色，他們可能會失去信心和隊友的信任；如果你等得太久，團隊則會受到損害，你也會失去團隊中其他領導者的信任。

什麼時候該做出改變？如果你能指導陷入掙扎的領導者完成任務，那就是完美的解答，你可以在事成之後進行調整。然而，你有時需要提早做出改變。例如，當工作和任務發生變化，領導者因為不再適合這個角色而失敗，或者當領導者發生了變化，不再能勝任，你就必須請另一位領導者來完成這項工作。

五、跟你的領導者溝通他們可以如何做出貢獻

為了幫助你的領導人才成為更好的團隊，你需要採取的另一個步驟是幫助他們做好心理定位。許多人並沒有真正在工作中找到使命感，他們認為自己只是拿著工作說明書，需要完成指派任務的員工。你需要提振士氣，讓你的團隊成員知道他們的工作多麼重要。有時候，灰心喪志的人需要的，不過就是看看他們的工作對這個世界做出了怎樣的貢獻。這需要的是心態的改變，而不是工作的改變。

趨勢研究機構坦納公司（O.C. Tanner）的執行副總裁大衛．史特（David Sturt）曾

在《富比士》雜誌上面撰文介紹一項研究，研究對象是一群從事低階且不被重視的工作的人。研究人員的發現深具啟發性：

二〇〇一年，密西根大學羅斯商學院教授珍·達頓（Jane Dutton）與來自耶魯大學的同仁艾美·瑞斯尼斯基（Amy Wrzesniewski）開始研究從事乏味工作的人如何應對他們所謂的「被貶低的工作」。當他們思索以哪些所謂的低滿足感工作來進行研究時，他們選擇了醫院清潔工。但是，他們從研究中學到的東西完全出乎他們的意料，改變了他們未來十年的研究軌道。

珍和艾美訪談中西部一家大型醫院的清潔人員時，發現有一部分勤雜工根本不認為自己隸屬於清潔人員。他們把自己視為專業人員，是醫療團隊的一部分。那改變了一切。這些人會設法了解病人和家屬，並以微小但重要的方式提供支援：這裡一盒面紙，那裡一杯水。一句鼓勵的話……

人們往往將現有的工作期望（或工作說明）加以擴展，以滿足他們想要做出貢獻的願望……他們做被期望的事情（因為那是工作要求），然後想辦法為他們的工作添加新的內容。[11]

這些人提振了精神和情緒，因為他們認為自己的工作很重要，他們知道自己正在發揮作用。

身為團隊的領導者，你要能夠提振團隊成員的士氣。適當部署你的領導人才，意味著不僅幫他們找到自己的熱情和優勢，也要將他們安排到正確的角色上。你可以幫助他們調整心態，以不同的方式思考工作，你可以鼓勵他們多為他人著想，少考慮自己，每天有意識地為隊友創造價值，藉此開始一天的工作。要能為他人播下種子，而不是專注於自己的收穫。

你需要花多長時間才能讓你培養的領導者形成團隊、攜手合作？這要視情況而定。過程中你可以做出評估，在成為領導者之前，他們的配合度多高、好勝心多強？你能投入多少時間與他們相處？他們彼此相處了多長時間？他們相互信任嗎？他們是否有需要克服的負面歷史？他們的天賦搭配得如何？領導者是否發揮了各自的優勢？團隊的功能是否因為你還沒有將合適的成員放進團隊而導致效率低落？團隊是否取得了足夠的勝利來發展動能？

要培養一支優秀的團隊需要付出很多努力。這就是冠軍隊很難打造和領導的原因。但是，即便你未能讓你的領導者成為冠軍，努力把他們鍛造成一個合作無間的團隊也是值得的，因為過程中能教會他們許多，並讓他們得到更大的發展。

這麼做也有助於你了解他們當中誰是最傑出的領導者，而這個人就是你要選擇進一步培養的人。這是下一章的主題。

行動步驟

一、確認你與領導團隊的溝通能夠切中要點。你是否透過溝通確保團隊成員之間的步調一致？如果沒有，請繼續努力。當你的團隊完成專案和計畫，向他們傳達他們的工作發揮了怎樣的作用，以此表達讚美。確保彼此溝通的開場和結尾始終到位。

二、為你的領導團隊創造凝聚力體驗。你可以帶他們到外地接受培訓，務必安排時間和地點進行交流和彙報。為他們規畫領導經驗，鼓勵他們一起工作。或者是帶大家出去吃飯，談論工作以外的任何事情。他們越了解和尊重彼此，越能好好地合作。

三、為團隊安排一次集體學習經驗，事情可以很簡單，例如要求大家一起讀一本書並進行討論，越能共同成長的團隊越有價值。此外，共同的經歷還能為他們提供共同的語言和連結點。

四、審核團隊中所有領導者的職位安排，寫下每個人的職位敘述。判斷目前是否有任何必要的職能尚未配置人手，也看看是否存在冗餘的職位。然後寫下填補每個職位的人員的長處、短處和經驗。哪裡有不匹配的地方？如何重新調配團隊成員來提高績效？做出相應改變，幫助團隊成員理解改變的原因，以及這些改變將如何使團隊受益。

11 ▼選擇進一步培養的對象

許多年前，在我事業生涯的早期，我決定上幾門商管課程，以便在財務領域上成為一名更好的領導者。在其中一堂課，我的經濟學教授傳授了改變我一生的一項知識：帕雷托法則，也就是通常所說的八〇／二〇法則。

這個觀念是義大利經濟學家維爾弗雷多．帕雷托（Vilfredo Pareto）在二十世紀初提出，當時他觀察到一種幾乎自然而然發生在生活中所有層面的模式。這個模式基本表明，在任何一個群體中，八〇%的成功出自二〇%的人之手。

二〇%的工人製造出八〇%的產品

二〇%的銷售人員完成八〇%的銷售額
二〇%的商品帶來八〇%的營收
二〇%的人口佔有八〇%的財富
二〇%的大聯盟球隊贏得八〇%的冠軍

大概就是這個意思。實際的統計數據各不相同，雖非總是精確的二〇%和八〇%，但通常相當接近，你幾乎可以在任何事情上發現這種模式。

這條法則的重要性何在？首先，它違反了大多數人的直覺。我們傾向於假設事情會平均分配。假如團隊中有五個人一起工作，我們認為他們會平均分攤工作量，其實不然。假如我們需要向十位捐款者募集一萬美元，我們會假設，如果每個人都捐一千美元，我們就會得到所需資金，但事情從來不是這樣運作的。有些人分文不捐，而大約八千美元通常只來自這群人中的兩個人。

我的教授說明這一點時，我立刻心領神會，我本能地知道帕雷托法則有可能改變我的一生。我意識到，**比起做許多件不那麼重要的事，做少數幾件重要事情可能帶來更大的回報。如果我把精力集中在前二〇%的優先事項上，帕雷托法則意味著我將獲得八〇%的回報。**我需要更專注、更用心。

我立刻開始將帕雷托法則融入我的工作方式。它改變了我每天的工作效率，幫助我確定自己不應該只是努力工作、整天忙個不停。如果我有一個待辦事項清單，上面有十個項目，我不會一開始就埋頭苦幹。首先，我會把它們按重要性或價值的優先順序進行排列，然後把時間投入在前兩個項目上，這讓我的工作始終得到高回報。一次又一次，我的進步不是源自我有多努力，而是源自我的工作方式有多聰明。

我使用帕雷托法則已有近五十年時間，它給了我很大的幫助。在寫這本書的過程中，我偶然讀到《原子習慣》（*Atomic Habits*）的作者詹姆斯·克利爾（James Clear）的一篇文章，文中深入探討了帕雷

帕雷托法則

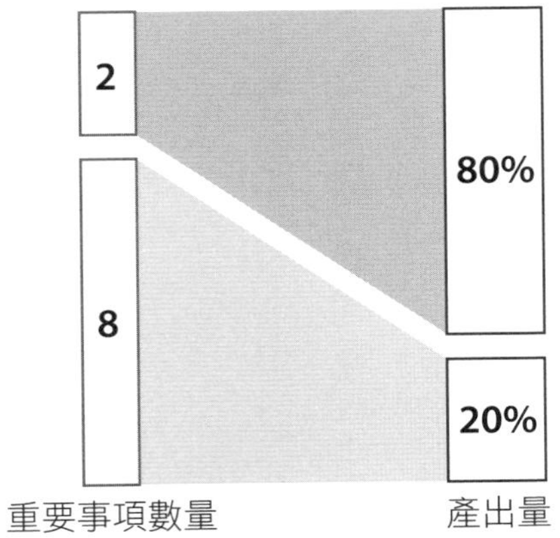

托法則。例如，克利爾觀察到，NBA二〇%的球隊贏得了七十五．三%的總冠軍，其中波士頓塞爾提克隊和洛杉磯湖人隊囊括NBA歷史上近半數的總冠軍。而在足球界，雖然曾有七十七個不同國家參加過世界盃，但在前二十屆比賽中，光是三個國家——巴西、德國和義大利——就帶走了十三次冠軍。

令我著迷的是，克利爾將八〇／二〇法則往前推進了一步，描述了他所謂的「百分之一法則」：「百分之一法則指出，長期下來，在任一特定領域中，絕大部分的獎賞會堆積到那些比競爭對手保持百分之一優勢的人、團隊和組織上。你不需要比別人加倍優秀來獲得加倍的成果，你只需要略勝一籌。」[1]克利爾用大自然的一個例子來描述其中的運作過程：

想像兩株植物並排生長，它們每天都在爭奪陽光和土壤。如果一棵植物能比另一棵長得快一點點，那麼它就能長得更高，捕捉更多陽光，吸收更多雨水。第二天，這些額外的能量會讓這株植物生長得更快。這種模式一直持續下去，直到更強壯的植物排擠掉另一株，從而奪走了絕大多數的陽光、土壤和養分。

從這個優勢地位，勝出的植物更有能力傳播種子、繁衍後代，進而使該物種的下一代占有更大的足跡。這個過程不斷重複，直到比競爭對手稍微優越一點的植物雄踞整座森林。

科學家把這種效應稱為「累積優勢」（accumulative advantage）。一開始的些微優勢會隨著時間的推移而越變越大，一株植物只需在一開始時稍占優勢，就能排擠掉競爭對手，占據整座森林……

優秀與卓越之間的差距比想像的更小。一開始勝過競爭對手的些微優勢，會隨著每一次競賽倍數成長……

長此以往，那些最初略勝一籌的人最終會贏得絕大部分的獎賞。

克利爾表示，儘管亞馬遜雨林擁有一萬六千多種樹種，但其中兩百二十七個樹種就占據了超過一半的森林面積。[2]

運用帕雷托法則培養你的最佳人才

帕雷托法則跟培養領導者有什麼關係？我這一生在領導力領域的最大發現之一，就是可以將帕雷托法則運用在人們身上，這對我來說是革命性的發現。我一直被訓練和鼓勵去愛和重視每一個人，我至今仍然每天努力去做這件事情，但這並不意味你應該培養每一個人！培養前二〇%的優秀人才會帶來倍增的效益。

假設你的領導團隊有十個人，並不是每個人都有相同的潛力，我相信這一點你是心知肚明。最優秀的兩個人可能為團隊創造大部分的成果，你認為誰最可能為你在他們身上的投資帶來最大回報？最優秀的兩名領導者。為什麼？因為除了自己進步更快之外，他們還能幫助其他人變得更有工作效率。

如果我的領導團隊有十個人，我會把八〇%的時間和力氣集中投資到最優秀的兩個人，也就是前二〇%的人身上，對他們進一步指導。我為他們增加價值，因為他們可以為其他人增加成倍的價值。

我從四十年前開始將這條法則運用到我的團隊。它改變了我的領導方式，我不僅因為可以花較少時間培養較少的領導者而節省了精力，還因為我選擇的領導者為我帶來最高的回報，使我的效率獲得成倍的提升。這就是**用減法做到了乘法**。

你可能會想，其他人呢？難道他們不應該得到指導？他們是否就這樣被晾在一邊，什麼也得不到？不，我不直接指導他們不代表他們不能繼續得到發展，他們會得到我對領導團隊的投入。但你猜我指導的頂尖領導者應該做什麼？我期待他們培養受他們影響的頂尖領導者，包括我團隊中的其他成員，每個人都有被開發的潛能。我帶領的團隊中的九分領導者應該培養八分的人，七分培養六分，五分培養四分，依次類推。

如今，我做的一切都是基於這一理念。我創立的公司、我開發的資源、我寫的書，一切無不致力於為領導者增加價值，而後者進而為他人增加價值。當我盡最大努力培養最優秀的領導者，指導他們提升至另一個層次，而他們也盡最大努力培養其他領導者，每個人都成了贏家。

培養前二〇%的人是培養領導者的最終步驟，這就是偉大團隊與優秀團隊的區別所在，它將持久的團隊與曇花一現的團隊區分開來，並幫助團隊和組織制定成功的接班計畫。當你指導最優秀的領導者，一切都會提升至更高層次。

當你準備從領導團隊中選擇進一步培養的人選時，你需要講求策略、持之以恆、用心行事。

講求策略

當你選擇要栽培的領導者，你必須堅持選擇你的前二〇%，無論這指的是五個領導者中的一個，還是一百個領導者中的十個。不要在你的選擇中摻水、納入那些還沒有達到標準的人。讓這二〇%的人脫穎而出，然後選擇他們。記住，當你選擇了最優秀的前二〇%，就有可能產生八〇%的影響。

持之以恆

我喜歡年歲漸長的一點是，我在生活中見到過也嘗試過許多人事物，這給了我見識。我現在已經七十多歲，觀察到了持之以恆的驚人複合力量。如果你日復一日做正確的事，儘管這些事情可能很微小，但聚沙也會成塔。雖然需要很長時間才能累積起來，但它們確實會日積月累。年輕人有時很難有耐心做到這一點，但做為過來人，我可以告訴你這是值得的。

正確的選擇＋恆心＋時間＝豐厚的回報

如果你想成為成功的領導者，對頂尖領導人才的指導就不能只想要一勞永逸，你不能只選擇一組人指導，然後指望就此了事。這需要月復一月、年復一年、持之以恆地做下去。

我就是恆心帶來回報的活生生證明。以下簡單說說我的生平：

一九七三年，我明白了一切興衰取決於領導力的道理。從那時起，我每天都投資於我的個人成長和領導力發展。

一九七六年，我感覺自己受到召喚，要將生命奉獻於訓練領導者。幾週之內，我就開始訓練領導者，四十多年來從未間斷。

一九七九年，我開始寫書來幫助培養領導者。從那時起，我從未停止寫作，迄今為止，我已經寫了一百多本書。

一九八四年，我決定開發旨在指導領導者的資源。這個過程從每個月錄製一期語音課程開始，然後延續到研討會、影片、podcast、數位學習系統和輔導計畫。

一九八六年，我創辦了第一家致力於領導力發展的公司。此後，我又創辦了另外三家公司和兩個非營利組織，全都專注於培養領導者，而且至今仍在不斷發展壯大。

一九九四年，我開始請求領導者幫助我培養更多領導者。我的第一個非營利組織EQUIP制定了一項策略，招募領導者志工去海外培訓領導者。他們培訓的領導者承諾培訓更多領導者。我們仍持續在全球使用這樣的領導力培訓模式。

如果你能堅持不懈地投資自己的成長和發展，並且堅持不懈地培養你手下前二〇%的頂尖領導者，你的領導力將會出現改變。

用心行事

我一直是個積極向上的人，但我做事並不總是刻意為之。你從我上述生平的幾起事件，顯示我是如何在培養領導者的過程中變得越來越用心。我透過演講、寫作和帶領以培養領導者為宗旨的組織，努力保持自己的領導能力。

你是否準備好更用心地培養領導者，使組織順利發展？你是否願意集中精神指導你陣中最優秀的領導人才，使他們成為最好的自己？如果你願意，那麼請開始思考哪些人是你的前二〇％吧。

在指導對象身上尋找哪些特質

當你找出具有領導潛力的人並邀請他們加入領導席，你就大概知道誰有可能成為傑出的領導者。在培養他們、賦予他們領導權能、訓練他們團隊合作之後，你現在知道了他們有怎樣的本事。你已經見過他們的行動，當你回想你與領導人才相處的經驗，請尋找以下六項特質來鑑別你的最佳領導者。

一、曾經展現卓越的領導力

這一點或許看似不言可喻，但我還是要特別強調。在挑選頂尖領導人才時，你要的是那些已經展現出領導力，而不是僅僅具有領導潛力的人。

在你的領導團隊中，誰曾經對其他人產生影響？當你把一群領導人才放在一起，他們很快就會形成一個非正式的地位排序，領導者憑直覺就能知道誰是更好的領導人才。就影響力而言，誰是你的團隊中的佼佼者？

二、了解自己在團隊中的位置和使命

你計畫進一步培養的領導者要有足夠的自我認識，他們明白自己的使命，知道自己對團隊的最大貢獻是什麼，他們的發展關鍵就在於發揮自己的優勢。遺憾的是，具有高領導能力的人不見得具備這樣的自覺。無論是高能力或精彩的戰績，都不能保證領導者具有自知之明。在與麥斯威爾領導力中心的頂尖高管教練交談時，他們告訴我，自我認識不足是他們在領導者身上看到的首要問題。

如果你的某個頂尖領導人才不知道自己的長處和短處，也不知道如何做出最大貢獻，你就必須判斷他是否準備好接受指導。你可能需要有適當的部署，首先幫助他們培養自我意識，告訴他們你在他們身上看到了什麼，指出他們的優勢，給他們能發揮這些優勢的角色，並為他們設立期望。

整個指導過程需要建立在領導者的優勢之上。如果他們不認同你對他們的看法，你將很難進一步培養他們。

三、明白他人的位置和使命

永遠不要忘記，個人成績與有效領導之間有很大的不同，並非所有卓越的產出者都能成為卓越的領導人才。

領導力有賴領導者了解團隊，認識自己的長處和短處，明白每個人的使命，知道每個團隊成員的最佳位置。他們不僅要向自己的追隨者展現這種能力，也要展現給其他領導者看，如果缺乏這種能力，就無法勝任更高的領導職位。

四、願意為願景放棄個人

有才幹的人習慣按照自己的方式做事，天賦高的領導人才尤其如此，因為他們擁有影響力，並習慣使用這份力量。

但是，你打算培養的領導者必須證明他們願意放下自己的想法，採納團隊和組織的議程來實現願景。他們需要服膺我在《領導團隊17法則》書中談到的「重要性法則」：單靠個人無法成就偉業。[3]

如果他們明白，做為團隊的一分子，他們可以完成比一己之力所能達到的更偉大、更重要的成就，那麼他們就值得被指導和培養。你將能夠幫助他們實現更高層次的意義，超越個人成功所能提供的任何待遇、地位或機會。這可以幫助他們轉念，從認為自己因為加入團隊而放棄了什麼，轉而明白加入團隊可以帶來更大成就。

個人主義或許可以贏得一些獎牌，但偉大的團隊齊心協力為彼此犧牲，才能贏得最後的冠軍。

五、他們的領導力取得了具體成果

我喜歡伍登教練對他的球員說的：「不要告訴我你要做什麼，做給我看。」**空談很廉價，成果才是強而有力的證明**。在你的領導團隊中，任何一個具有龐大潛力但尚未取得實際成果的人，都應被視為未經驗證。他們仍是潛在的領導人才，但尚且不是得到證明的領導者。

要想讓你投入大量時間、精力和資源來指導，他們就必須透過帶領團隊成員取得實際成果來證明自己。

六、渴望成長

對有效的領導力發展來說，最大的敵人之一就是「志得意滿」心態。如果領導者認為自己已經「抵達顛峰」，他們將不再努力生產，不會每天捲起袖子提升自己、為組織創造價值，不再師法那些幫助他們取得如今成就的正向領導價值觀。

不再成長的領導者最終會失去自己的信譽和效能，他們會停止積極領導，因為他們的焦點已經從追求進步，轉移到了保住自己在任期、身分、地位或紀錄等方面的位置。當發生這種情況，他們就不再受教。

無論何時邀請領導者接受指導，請明白指出他們尚未抵達目的地，仍要持續前進。他們受到邀請而來，依然必須同樣努力地工作，甚至更努力工作，並且在工作中發揮更大的作用。

要讓他們明白，透過指導，他們將獲得更大的影響力，並逐漸成長，做出更大的貢獻。未來他們能夠為人們創造更多價值，因為他們會有更多東西能夠付出，而且有機會為組織帶來更深遠的影響。

這是一個更大格局的起點，現在不是他們因為雀屏中選而歇息的時候，而是他們發揮重大作用的時候。

挑出對的人來指導，是你身為領導人最重要的任務之一，同時也可能是最困難的。有些領導人才很容易被發現，其他人則不然。

你總能選對嗎？如果你和我一樣，那麼答案是否定的。過去，我曾選錯了培養對象，有些人不具備我以為他們擁有的品格，結果一敗塗地。有的人能說善道，說服我相信他們比實際的更有潛力；有的人不是真心想成長；還有的人，我以為我可以幫助他們，因為我對人抱持高度信心，但是他們沒有能力。

但這些失誤從未阻擋我繼續培養和指導領導者，我現在認為這些失誤都是好事，我寧願偶爾做出錯誤選擇，也不願錯過栽培領導人才的機會。

努力工作來擺脫工作

當你選擇最佳領導人才加以培養，我相信你的最終目標應該是讓自己擺脫原先的工作，這是我經常給領導者的建議。培訓和發展接替的領導者，是我大半生都在努力的事，我總是環顧四周，詢問：「誰能做我現在正在做的事？」你做的每一件事，幾乎總有人能取代你的角色，接手你的工作。

讓自己擺脫工作是培養人才的終極勝利，我建議你朝這個方向努力。嘗試在盡可能多的專業領域遞出接力棒。要實現這一點，請做到以下三件事：

一、高度重視「努力工作來擺脫工作」這一目標

我並不總是善於把工作交給別人執行，我多年來始終傾向於撿起需要做的事，而不是把它們轉交給別人。一段時間後，我總會被手上的工作壓得喘不過氣，以至於忽略了

回報率最高的任務。如果你對此感同身受，請跳出這個陷阱。

首先問問自己：「我現在正在做的事，有什麼是可以交給別人去做的？」回答完這個問題後，再問：「我應該開始培養誰來做這件事？」

二、重視培養人才勝過保衛自己的地位

大多數領導者太過將注意力集中在保住現有地位，或者獲取他們想要的職位，他們的焦點是自己。

諷刺的是，囤積權力往往反而導致一個人失去權力，職位不會造就領導者，而是領導者造就了職位。**拓展自身潛能的方法，就是幫助他人開發潛能**。提升並培訓領導人才，會讓你成為更好的領導者——更有能力做更大、更好的事情。

三、重視接班勝過安全感

太多處於領導職位的人都在尋求安全感。但卓越的領導力從來不在於緊握住現有的一切，而是要勇往直前。這就是為什麼我經常對我的員工說：「努力擺脫你的工作，我會給你另一份工作。」

我希望他們明白這句諺語的真諦：「一根蠟燭點燃另一根蠟燭，本身不會有任何損

失。」事實上，事情遠不止如此。我希望他們學到，**一根蠟燭點燃另一根蠟燭，反而會有所收穫——更多的光！**

我相信做為領導者，你如果努力擺脫自己的工作，總會得到另一份工作。成功並非來自捍衛你擁有的，而是來自培養他人接替你，好讓你往前去做更大、更好的事。當你成為培養領導人才的領導者，並指導其中最頂尖的領導人才，每個人都會出頭。

因此，請選擇你擁有的最佳領導人才進一步培養，並準備好指導他們。我將在下一章說明如何做到這一點。

行動步驟

一、如果你從未使用帕雷托法則來幫助你提高個人工作效率，那就從今天開始。如果你能每天堅持專注在前二〇%的任務和職責上，你就會體驗到它的效果，從而更有信心使用這項法則來挑選要培養的領導者。

二、想想團隊中的領導人才。根據本章提到的六項特徵，以一（低）到十（高）的評分對每個人排名。然後統計他們的得分，從高到低排列，找出你的前二〇%人才。

領導者	領導力紀錄	對位置和使命的自我認識	對他人位置和使命的認識	放棄個人的意願	領導力的具體成果	對成長的渴望	總分

看到這些頂尖領導人才的名字，你的直覺是否認可這樣的排名？如果不認可，為什麼不？你的評估還應該納入哪些因素？如果你要接著去做更大、更好的事情，你認為誰能接替你目前的工作？如有必要，請重新排列你的名單。完成後，再多花一些時間思索這些人是否是你應該親自指導的領導人才。如果你能得到其他領導者的建議，請與他們討論你的選擇。

三、想想你打算培養的領導者，並思索指導他們每個人需要幾週、幾個月或幾年的時間。在這個時候，你的答案得靠猜想。但你需要開始思考這個問題，因為你需要承諾在這段期間內保持用心、持之以恆。

四、單獨約見你打算指導的每一位領導人才，與他們談論此事。不過，在讀完下一章之前，先不要與他們會面。下一章包含了你在第一次會面之前需要的一切資訊。

12 ▼ 一對一指導你的最佳領導人才

你能給予領導人才的最大讚美，或許就是主動提議指導他們。但指導需要的不僅僅是技巧，還需要手腕和同理心，你需要找到你和指導對象之間的共同點，因為你們的關係必須達到另一個層次的開放與真誠。你必須坦誠面對自己過去的失敗和錯誤，你必須讓你正在培養的領導者感到足夠安全，能夠開誠布公地對你說出自己的不足之處和需要成長的地方。

偉大的導師擁有與創作型歌手卡洛・金（Carol King）相似的精神，後者曾說：「我想與人們心靈相通。我想讓人們覺得，『是啊，這就是我的感受』。」[1] 如果你能做到這一點，你就更有可能將領導者培養到更高的層次。

軟技能在當今的領導環境中至關重要，例如提問與傾聽、對他人的歷程感同身受、理解他人觀點等等。人們不會因為理解你而自然而然對你心悅誠服，堅定地接受你的指導，他們只有在覺得被理解時，才會全心全意地追隨你。我相信，做為指導型領導者，當你採取以下行動，這種情況就會發生：

- 重視他們
- 讓他們知道你需要他們
- 讓他們參與你的歷程
- 採取受教的精神
- 提出問題
- 仔細傾聽、經常傾聽
- 努力了解他們的觀點
- 當他們幫助你時給予肯定
- 對幫助過你的人表示感謝
- 用「我們」取代「我」

許多年前，一位導師告訴我：「**如果你願意和你的人一起流汗，他們就不會怕熱。**」我發現這句話是真的。當人們明白你與他們甘苦與共，他們會更願意與你交心。

如何指導領導人才

如果你已經選擇了要指導的領導人才，並且知道他們會全心全意追隨你和整個指導過程，你就可以開始了。

我想為你提供一份關於如何指導他們的路線圖，圖很簡單，但你要走的路不會太容易。做為導師，你需要身兼老師、嚮導、教練和啦啦隊長，而你必須學會在適當時候扮演適當的角色，但你要知道：沒有太多事情能給人生帶來更大的滿足感。在你繼續進行時，我建議你牢記以下四件事：

一、選擇你的指導對象——不要讓他們來選擇你

儘管我已經討論過如何選擇進一步培養的領導人才，我還是想強調這一點，因為當你越成功，就會有越多人向你尋求指導。你不可能指導所有人，也不應該如此。你應該專注於幫助那些只比你落後幾步最有潛力的人才，而不是那些和你天差地遠的人，會有

其他人更適合指導他們。

重要的是由你來做出選擇。這是我從我所讀過最偉大的領導力書籍——聖經——學習到的體悟。

事實上，我對領導力的一切認識都源於聖經，耶穌是一位了不起的領袖，聖經上沒有這麼說，但歷史證明了這一點。沒有人比他更有效地指導領導者，他從一小群普通人開始，這群領導者發起了一場全球性運動。

創立指導中心 Radical Mentoring 的企業家兼作家雷吉．坎貝爾（Regi Campbell）以聖經為例，寫到了遴選在指導過程中的重要性：

耶穌挑選了十二個人，不是他們挑選他。

這是我們從耶穌身上學到最寶貴的一課，也是成為耶穌這樣的導師最反主流文化的一面。

我一次又一次聽到年輕人探求導師。「我能和您共進早餐嗎？如果可以，我想向您求教。」我們都遇過這種事。

聖經經文並沒有描述耶穌以這種方式進行指導。事實上，我們可以想像一下年輕統治者接近耶穌時的情景。我稍微轉述他可能會說的話：「我一直很酷，我遵守了戒律，我怎樣才能加入您、追隨您，成為您核心圈的一員呢？」我們可以想像耶穌……在這個年輕人表達對王國的興趣時，從中讀出了他的動機：「很好，去變賣你的所有財產，然後回來見我。」

對話就此結束。[2]

讓別人選擇你來指導誰，就好比你在選擇投資時，任何一個打電話來的業務員你都答應購買他推銷的任何一筆基金一樣，就連你自己也不知道你最終會得到什麼，結果又會如何。

相反的，你需要挑剔地選擇你的指導對象，如果選對了人，你贏了，他們也贏了——所有人共贏。

二、預先設立雙方的期望

人們帶著各種預設走進指導關係，雖然有句話是這麼說的：預設立場是萬錯之母！我早年的另一位導師查理斯．布雷爾（Charles Blair）常說：「努力去理解，這樣就不會產生誤解。」在你與領導者建立指導關係時，這是一句很棒的建議。你需要為每個人——關係中的「我們」、「你」和「我」——打好基礎。我就是這麼做的。

當我們第一次坐下來，我會詳細說明以下三點期望：

- 對「我們」的期望——我喜歡從雙方都同意的事情開始：**我們會信守投資報酬率協議**。一面倒的關係不會持久，如果出現這種情況，單方面付出的人就會開始對這段關係產生怨恨或悔意。指導關係理應為師徒雙方帶來投資報酬，當兩個人都受益，這段關係就會充滿活力，否則很快就會有人想退出。每次見面時，我們雙方都需要覺得這次經歷是有益的，如果沒有，我們中的任何一方都可以表示這段關係已自然結束，我們可以隨時退出，不必自責或羞愧。

  我們會讓彼此變得更好。帶著這種正面期待走到一起，為這段經歷定調。接受指導的人期望自己變得更好，但在最好的關係中，指導者也會變得更好，這有賴雙方都能謙卑地做出一些貢獻，如果能做到教學相長，這段關係就會成為一次美好的成長經歷。我明白，看待問題和做事的好方法不止一種，因此，把每個人都當成自己的老師是明智之舉，你也應該這樣做，這就是指導的精神所在。

- 對「你」的期望——我要做的下一件事，就是讓我的指導對象知道我對他的期望：**你必須有備而來**。初次會面時，我喜歡要求我的指導對象訂定計畫，我希望他們告訴我他們的目標是什麼，目前遇到了什麼狀況，以及我可以回答什麼問題。我把球權交給他們。接下來的每次會面，我都會要求他們在我們坐下來的前一天把問題發給我，這給了我思考答案的機會。而我期望他們準時赴會，做好功課，進行深度交流。

你必須持續掙得我的時間。我的時間非常有限，所以我需要做最好的運用，我相信你也是如此。決定指導別人是我做出的選擇，不是我必須履行的義務，只要我指導的人不斷進步，我就願意繼續見面。如果進步停止了，我也會停止。

你必須進步，而不僅僅是學習。我期望我指導的人能保持專注、做筆記、學習，但是光動腦子是不夠的，我希望看到改變。將學到的知識付諸行動，是掌握自己成長、成為領導者的不二法門，這就是為什麼我在指導會議上經常問的第一個問題是，如何將上次會面學到的知識付諸實行。如果支支吾吾，或者看起來像在車燈前愣住的小鹿，這可不是什麼好兆頭。不過，大部分人多能侃侃而談，然後提出很好的後續問題。更深度的學習來自於問題和心得的應用。

你必須指導其他領導人才。我從事指導的初衷，就是把我學到的東西傳遞出去。正如我說過的，我的目標是為領導者增加價值，這些領導者進而為他人成倍地增加價值。我知道的倍增價值的最好方法，莫過於讓我指導的人去指導其他人，指導的魔力就在於加乘效應。我指導的年輕領導者展現出幫助並培養他人的責任感時，我認為這就是成熟。

當我指導的人介紹我認識他們正在指導的人，我會高興一整天，這值得慶祝。

- **對「我」的期望**——最後，我讓我的指導對象知道他們可以對我抱持的期望，以及我對自己的要求：

我是個安全可靠的人，你可以跟我分享一切。好的導師值得信賴，並能建立信任的基礎。領導力專家華倫・班尼斯和伯特・那努斯（Burt Nanus）稱信任是「將追隨者和領導者凝聚在一起的黏合劑」。[3]建立信任可能需要時間，但這很重要，因為指導的深度取決於被指導者的脆弱程度。我的職責是以真實的自己面對指導對象，允許自己流露所有情緒，願意回答任何問題，並對他們說的一切保密。信任源於真誠無偽，而非完美無缺。他們的任務則是對我保持真實、開放，不能有所隱瞞，他們可以期望我是信得過的。

我會讓自己隨時有空。隨時聯絡得到意味著你很可靠，而且平易近人，人們需要你的時候總能找到你。我指導的人都知道，我跟他們就是一通電話的距離而已，他們聯繫得上我。很少有人濫用這種機會，他們尊重我的時間，只在必要時才會找我。但我不僅歡迎他們打電話給我，我還會常常主動關心他們，確保他們一切順利。當他們需要我的建議，我隨時準備好伸出援手。

我會竭盡所能。我的導師們總是對我傾囊相授，這對我有很深的影響，我是他們的努力成果。我可能不是最好的導師，但我會對我的指導對象全力以赴，我會努力達到前人為我設下的標準。

我會為你的最大利益著想。我的指導建議總是根據我的指導對象量身打造，這並不表示我們總是意見一致，也不是指我會滿足每個人的任何要求，這只代表我會盡一切可能保持純粹的動機，並以你的利益為重。

我發現，當我預先設立了期望，指導關係就會順利進行，反之則會四分五裂。我相信你也會遇到同樣情況。

說到底，身為導師，你會希望自己成為一個值得信賴的朋友，就連偉大的約翰·伍登也願意為了我而成為這樣的人，他從來不想成為我的英雄，他希望我得到最好的。在他關於指導的書中，描述了英雄和導師之間的區別：「英雄是你崇拜的偶像，導師則是你敬重的人。英雄贏得我們的驚歎，導師則贏得我們的信任。英雄讓我們神魂顛倒，導師則讓我們信任倚靠。**導師不會試著創造一個全新的人，他們只是設法幫助一個人成為更好的自己。**」[4]這就是你的目標。

三、以個人化的指導幫助領導者取得成功

我最喜歡做的事情之一就是溝通。我喜歡跟人打交道，引領他們踏上情感之旅，傳授能為他們創造價值的東西，但我始終記得這不是指導。你可以教導大眾，可以訓練團體，但你必須一對一地指引個人。

管理學大師彼得．杜拉克說過：「重要的是教導人生，而不是傳授知識。」這就是指引，是在栽培一個人。這涉及了辨別他們的現況，知道他們應該往哪裡去，並給予他們旅途所需的一切。

導師必須善於評估人們的潛力和需求，必須有能力了解人們需要在哪些地方成長，以便達到下一個發展階段。

杜魯克說過，重要的是明白人們有如花朵，有人像玫瑰，需要肥料，有人則如杜鵑，不需要施肥，如果你不給予花朵所需的呵護，它們永遠無法綻放。指導的第一步就是明白你的指導對象是誰，以及他們各自需要什麼。

當你指導領導者，要努力了解每一個人的性格類型、學習風格、愛的語言、長處、短處、內在動機、背景、個人經歷、家庭關係、抱負、理想等等，善用你掌握的每一分知識讓每一位領導人才受益。

四、付出足夠關心來進行重要對話

好的導師會毫不猶豫地跟他們的指導對象進行高難度談話，即使其他人抱著迴避心態，導師也會正面處理房間裡的「大象」（編按：房間裡的大象意指顯而易見但被集體忽視或迴避的重要問題或困境）。

通常情況下，進行重要對話的最佳時機是第一次出現危機的時候，這就是為什麼我建議領導者在問題堆積不大的時候就要及早解決。然而，假如我認為談話對對方來說過於困難，我有時會說：「我們下次見面再談（某個話題）吧。」這樣他們就有時間為對話做好心理準備，但我寧可不要拖延。

拖得越久，高難度的對話會越難開口，因為時機會越來越尷尬。另外，對大多數人來說，沉默意味著認可；況且一直被迴避的問題會像滾雪球般越滾越大，以後更難處理；而等待談論的時間越長，你越不可能正面處理這個問題。這是糟糕的指導。

我在第八章提到一位創業家崔西・莫洛。過去幾年，我花了很多時間指導她，我們也進行了很多次重要談話。最近我問她是否願意分享我們的對話，她非常樂意。她是這樣說的：

我永遠可以相信您會對我說真話。通常您會把真相包裹在問題裡，而且總會提供選項——由我選擇——擁有選項讓我覺得受到重視。

我們的師徒關係剛開始時，您做的第一件事就是詢問我的愛之語言，當您發現我需要的是肯定的話語，您便使用我喜愛的語言指導我，但這並不是說您只對我說讚美和欣賞的話，儘管您確實這麼做了。我最看重的是，您總是說出能幫助我成長、變得更好的話，多少人何其有幸，能從一位受人愛戴、值得信賴的導師那裡聽到如此珍貴的言辭。

有幾次，您在我猶豫不決的時候督促我做出決定，在我拖泥帶水或迴避問題的時候鞭策我做出艱難選擇。當我需要採取行動卻消極被動的時候，您挑戰我，以最慈愛的態度分享了艱難的真相，這是我除了父母或丈夫以外從未經歷過的。我感到驚訝的是，不知道為什麼，您與我分享的見解總能激發我最好的一面，而不是讓我大為受挫，您的話語喚起我內心頑強的領導力，而不是讓我感到渺小。

我們的一次談話令我印象特別深刻。那是我在公開場合訪問某個人後，我失去了與觀眾的連結，整場表現淡而無味。大概進行到一半的時候，我就知道有些地方不太對勁，但我當時身處其境，當局者迷，無法看出自己哪裡出了錯。我迫不及待想聽聽您的回饋意見。

對大多數人來說，聆聽溝通大師評論一項做得不好的工作是一件可怕的事，但對我來說，我已經嘗過最糟糕的情況，我熬過了那次訪談。我想剖析自己的表現，看看它垮在哪裡，而且，我知道您想幫助我，所以您會對我直言不諱。

在您一一指出我的錯誤時，您的語氣和藹可親，沒有用糖衣粉飾您的回饋意見。

那天我學到了兩件事：如何避免與觀眾失去連結，以及如何對剛剛經歷失敗的人進行指導。

每次和您談話後，我都會知道自己需要做什麼才能成長，並感覺自己擁有真正選擇成長的自由，我能從您的表情和聲音中看出，您相信我有能力去做成長所需的一切。

忠言逆耳，殘酷的真話並不好聽，但我莫名地期待聽到您的回饋。這一切的根源在於信任。

這是每位導師都珍惜的回饋意見。我相信崔西的潛力，希望她得到最好的發展，我對我的每個指導對象都是這樣想的。他們就像我的女兒和兒子一樣，所以我希望激發他們最好的一面，看到他們成為最好的自己。要做到這一點，唯一的辦法就是願意說出對他們有益的逆耳忠言。

在進行重要談話時，你必須願意告訴對方他需要聽到的話——為了他好，而不是為你自己著想。的確，你應該以對方最容易接受的方式來表達，但你的訊息必須真正能夠幫助他們，有時導師是領導者人生中唯一會對他們說真話的人。

關於和指導對象之間的關鍵談話，我還有一件重要的事情要說。對話應該是**雙向**的，你身為指導者需要跟指導對象一樣敞開心扉，願意傾聽真話。這就是為什麼我允許我培養的所有領導者對我的生活發表意見，我希望他們在看到我有需要時，能夠對我開啟重要的談話。

我的朋友達美航空執行長艾德．巴斯欽也持同樣的態度。他對自己的核心團隊說：「告訴我我應該停止做什麼……繼續做什麼……以及開始做什麼。」這句話出自全球最大型企業之一的領導者之口，實屬難能可貴。

超越你的導師

指導過程在每個導師和被指導的領導者眼中都是不同的，本來就應該如此，這是一種非常個人化的體驗，但結果應該全都相同。被指導的領導者應該晉升到更高的領導層級，指導的最後一步是，接受指導的領導者從導師手中接過接力棒，並超越導師。

我偶然讀到可以說明這個概念的一段感人故事，這可能是杜撰的，但無損我對這個故事的喜愛：

據說，達文西還是學生時，在他的天分迸發耀眼光芒之前，曾以這種方式獲得特殊的啟發：他年邁而知名的老師由於年事已高，身體衰弱，不得不放棄自己的創作。有一天，他吩咐達文西為他完成一幅他已著手進行的畫，年輕人十分崇敬老師的技藝，因此對這項任務退縮不前。然而，老畫家不接受任何藉口，依然堅持他的命令，只是簡單地說：「盡力而為。」

達文西終於顫抖著拿起畫筆，跪在畫架前祈禱：「為了我摯愛的老師，我祈求技巧和力量來完成這項事業。」隨著畫作的進行，他的手越來越穩定，沉睡的天才甦醒了，他渾然忘我，對工作充滿熱情。

畫作完成了之後，年邁的大師被抬進畫室評價這幅成品。他的目光停留在藝術的勝利上，最終，他張開雙臂擁抱這位年輕的藝術家，高呼：「我的孩子，我不再畫畫了。」[5]

這就是偉大的導師最終希望看到的，他希望在學生身上傾注全副心血，然後，看到學生超越自己。這是偉大師徒關係的寫照，我們或許永遠無法實現，但我們絕不該停止努力。

行動步驟

一、當你邀請領導者接受指導，而他們也同意了，請安排一次會面。會面之前，請用「我們、你、我」的方法寫出你的期望。

二、會面時，請詳述你對你打算指導的領導者設立的期望。此外，也請他們表達他們抱持的期望。雙方達成共識後，請計畫下一次會面時間，並說明你希望指導對象帶著具體問題而來。

三、每次會面時，請回答指導對象的問題。當你注意到對方出現狀況、困難或不足，請立即處理。提出問題，說明你觀察到的情況，提供建議或資源來幫助他們。發布任務，安排下一次會面，找出會面頻率最好的節奏。

四、只要你看到你指導的領導者持續進步，就同意繼續會面。當領導者停止成長、沒有堅持完成任務或不再提出好問題，就請討論這段關係是否已經走到盡頭。如果是，請停止安排定期會面。領導者日後如果有需要，你可以隨時敞開交流的大門。

13 ▼ 教導你的領導者培養其他領導者

如果你已經使用本書提出的準則來訓練、培養和指導領導人才，你已經讓自己躋身稀有的高手之列。大多數領導者只滿足於吸引和帶領追隨者，很少有人花力氣培養員工成為有能力的領導者。

恭喜！我想讚美你，並鼓勵你繼續培養他人。但我也想告訴你，身為領導者，你可以更上一層樓，你還可以教導你的領導者跟隨你的腳步，自己成為領導人才的培育者。這是一個值得追求的目標，因為每個組織都需要更多更好的領導者。限制組織未來發展的唯一因素，就是它培養出的優秀領導者的數量。

具有卓越領導才能的人數越多，則組織的成功潛力就越是強大。我之所以會在拙著

《領導團隊17法則》中傳授「板凳法則」：強大的團隊擁有強大的後備力量，[1] 這就是原因之一。為什麼？

- 強大的替補陣容能讓團隊的實力更全面
- 強大的替補陣容能讓團隊變得更靈活
- 強大的替補陣容能讓團隊長期持續發展
- 強大的替補陣容能讓團隊擁有更多選擇

而當團隊充滿優秀的領導人才，上述種種優勢會成倍地增加。

我第一次擔任組織的領導人時，一開始並不明白教導他人培養領導人才的重要性。但是，當我讀懂了世界級領袖使徒保羅在聖經中寫的一段話，我終於理解了「複製領導者」的概念。在寫給他指導的年輕人提摩太（Timothy）的信中，保羅告訴他：「把你從我這裡聽到的真理……傳給有能力教導別人的可靠領袖。」[2]

別擔心：你不必成為信徒就能從這一課中學習。你需要明白的是，保羅訓練、培養並親自指導提摩太成為一名領袖。在這封寫給提摩太的信中，保羅教導他邁出發展的最後一步：成為一個培養領導人才的領導者。

這段經文改變了我的關注重心，給了我新的目標：培養能複製領導者的領導者。五十年來，我的願景一直是複製出能夠與其他人一起繼續這個過程的領導者，我一旦開始投資於高潛力人才，就從未停止。

在我得到培養領導者的能力後，我努力效法保羅，保羅的願景是培養能夠複製其他領導者的領導者，你也可以信奉同樣的目標。

不要停止付出

對已經取得一定成功的領導者來說，安於現狀、不求進步是一種非常真實的誘惑。晉升至領導階層的過程可能很艱苦，有些人只想站在頂峰欣賞美景，停下來聞聞玫瑰，但這並不是取得領導成就的最佳目標。最好的目標是運用你學到的一切向他人伸出援手，幫助他們成為領導者，然後教他們為其他有潛力的人做同樣的事情。

牧師兼作家傑克·海福德（Jack Hayford）是曾幫助我和其他許多人成長的領導者之一。傑克曾經說過，成功的祕訣就是做出有違自己天性的決定，同樣從傑克身上學到重要課題的作家馬克·貝特森（Mark Batterson）對此評論道：

我們想要不必做出任何犧牲的成功，但生活並非如此。成功不能討價還價，你必須付出代價，而且它永遠不打折。你能為自己做出的最好決定，就是做出有違自己天性的決定，必須磨練自己，日復一日、週復一週、年復一年做對的事。如果你做到了，回報將遠遠大於你付出的代價……

現在，讓我們把這個想法落實到現實世界。如果你想擺脫債務，你必須違背本性做出克制消費的決定，也就是堅守預算。如果你想擁有好身材，你必須對抗懶散的身體，做出鍛鍊的決定，例如加入健身房。[3]

傑克的祕訣也適用於領導力發展。如果你想擁有一個具備更多更好領導人才的成功組織，你需要付出代價，需要做出有違自己天性的決定，不要安於現狀、享受成功，相反的，要投入時間培養那些能夠複製自己的領導者。

我認為，要成為有複製能力的領導者，你必須實現七個不同層次的成長：

一、使你有能力做好本分工作的成長

二、使你有能力在工作中幫助他人成長的成長

三、使你有能力在工作中複製自己的成長

四、使你有機會從事更高層領導工作的成長
五、幫助你培養其他人從事更高層領導工作的成長
六、給你足夠壓力，使你能夠與成長中的領導人才建立指導關係的成長
七、使你有能力培養出能夠複製領導人才的領導者的成長

如果你想充分發揮你的領導潛力，你就需要培養那些具有同樣願景的領導人才，幫助他們培養他人成為能充分發揮潛力的領導者。

如果你和你培養出的領導人才都能做到這一點，你建立的領導力流水線就永遠不會枯竭，你的組織將不斷成長。

發展複製的環境

如果你想在這些成長層次上邁進，並鼓勵團隊或組織中的其他領導者也這麼做，你就需要創造一個提倡複製領導力的環境。要做到這一點，你需要樹立以下五點期望，並確保你帶領的人滿足這些期望：

一、團隊領導者樹立領導力發展的榜樣

團隊中發生的一切由你而起。如果你希望領導者培養其他領導者，你必須持續示範、培育、監督、獎勵這種行為，在你其他種種職責中，你必須把培養領導人才視為你的首要任務。我在第七章提到了福來雞的高績效領導力副總裁馬克．米勒，他說：「我們相信領導力可以成為我們的主要競爭優勢。我們希望成為一個可以自豪且自信地說『這裡出產領袖』的組織。」[4]我喜歡馬克說的這段話，每一個想要創造領導力環境的組織都應該效法。

在認真帶領那些專注於領導力發展的組織時，我努力塑造環境中的六個C，幫助領導者複製出其他領導者：

- **Character 品格——身體力行**。一切始於堅強的品格，這不是說說就好的事，而是必須成為你的核心。你必須每天實踐，必須保持正直，尊重他人，為他人著想，不遺餘力地幫助他人。
- **Clarity 清晰——表現出來**。你必須花時間親自培養領導者，需要親身參與訓練，你的團隊也要看到你這樣做，這樣他們才會明白這件事情應該怎麼做，以及這樣做有多麼重要。

- **Communication 溝通——說出來**。你需要時時刻刻把領導力發展掛在嘴邊，使它成為共同語言和日常對話的一部分。
- **Contribution 貢獻——扛起責任**。如果你是領導者，就不得推諉塞責，你需要扛起培養領導者的責任。做到這一點，其他人也會跟著這麼做。
- **Consistency 持之以恆——堅持去做**。培養領導者從來不是一步到位的事，需要每天花功夫培育。為什麼？因為對更多更好的領導者的需求永無止境。
- **Celebration 慶祝——不吝表揚**。當領導者的成長不斷得到認可、獎勵和表揚，領導力發展就會在組織中得到更高的地位，並融入組織文化中。每一位領導者都會渴望成為其中的一員，加入你的行列。

亞瑟．戈登（Arthur Gordon）說：「沒有什麼比說空話更容易，沒有什麼比日復一日言出必行更困難。你今天做出的承諾，明天和往後的每一天都必須重新宣誓、重新決定。」[5]如果領導者每天都以身作則，團隊中的每個人就會明白領導力發展的重要性。如果領導者忽視這件事，或委派給其他人去做，就會傳達出「領導力發展並非當務之急」的訊息。

二、每個人都被期許去培養另一個人

一個不斷培養領導者的組織是一個上行下效的組織，但它的成長是由下而上的。這話是什麼意思？它看起來是這樣的：

- 每個人都有某個人在培養或指導他
- 每個人都在分享自己培養和指導他人的經驗
- 每個人都有培養或指導的對象

有複製能力的環境，存在一種旨在創造指導行動的意圖。教與學是正常且應該的，沒有人規定要成為領導者才能這麼做。人人參與其中，不斷相互學習，每個人都在分享經驗。成長是正常的，也是被期許的。

要營造這樣的環境，需要人們挑戰彼此走出舒適圈，一個很好的方法之一，是提出有挑戰性的問題。在《強勢起步》（*Starting Strong*，暫譯）中，作者洛伊絲．柴克里（Lois J. Zachary）和蘿瑞．費斯勒（Lory A. Fischler）列出一些可以用來挑戰人們成長的好問題：

- 你上一次把自己推出舒適圈是什麼時候？

- 怎樣才能讓你走出舒適圈？
- 你一直不敢嘗試的挑戰是什麼？
- 你還欠缺哪些額外的知識、技能或經驗？
- 在你此刻的學習過程中，我可以做些什麼來支援你？[6]

正如我在第一章中所說，最重要的是將承擔培育者的角色變成一種心態，要使這種心態發展壯大，就必須讓人人接受奉行。一旦這樣做了，組織就會出現轉變，潛力也隨之會擴大。

三、領導者專注於培養領導者，而不是吸收更多追隨者

有才能的領導者往往很容易吸引和吸收追隨者，尤其這位領導者具有很高的人格魅力或令人無法抗拒的願景時。但是，組織的未來取決於培養更多更好的領導者，而不是召來更多更好的追隨者。

專注於吸收追隨者的領導者實際上是在縮小組織，而不是擴大組織。我在丹尼斯·魏特利（Denis Waitley）所著的《勝利新動力》（*The New Dynamics of Winning*，暫譯）中讀到一則故事，生動地刻劃了這種萎縮效應：

廣告業巨頭奧美廣告公司的創始人大衛·奧格威（David Ogilvy）過去常常送公司的每位新經理一套俄羅斯娃娃，裡面包含五個越來越小的娃娃。最小的一個裡面寫著：

「如果我們每個人都雇用比自己小的人，我們就會成為一家小矮人公司。但是，如果我們每個人都雇用比自己大的人，奧美將成為一家巨無霸公司。」請致力於尋找、聘用和培養巨人。[7]

也許你見過這種套疊的俄羅斯娃娃，俄語名字為「matryoshka」（瑪特里奧什卡），俄羅斯到處都有賣。有的非常精緻，裡面有十幾個越來越小的娃娃，一個套著一個。當領導者專注於吸收追隨者——而這些追隨者也吸收會追隨他們的人——組織的領導「格局」就會萎縮。然而，當領導者善用乘法領導原則，專注於開發他人的最大能力，組織的領導格局和潛力就會擴大。

《領導引擎》（*The Leadership Engine*）的作者諾爾·提區（Noel Tichy）說：「成功的公司之所以能夠獲勝，是因為他們擁有在組織各個層級培養其他領導者的優秀領導者。」[8]重要的是要明白，唯有領導者才能複製出另一個領導者，領導者以外的人或機構都無法做到這一點。唯有領導者才能了解、示範、培養出一個領導者。

四、人們不斷成長以擺脫原先的工作

在第十一章中，我描述了優秀領導者如何努力工作以擺脫原先的工作。要想成為領導者的複製者，其中一個關鍵轉變就是減少對個人成就的關注，將更多注意力放在能夠透過他人取得的成就。

在鼓勵複製的環境中工作的領導者會不斷成長以跳脫原先的工作。每當他們承擔一個新的角色或被安排到一個新的職位，一旦駕輕就熟，他們就會開始訓練接替自己的人，最好的領導者也會培養接班人的領導能力。

演說家菲利浦・內森（Philip Nation）描述了這個過程：

> 身為領導者，我們的正事就是找人取代自己。很有理由相信，如果你不培養其他人來取代你或超越你的能力，你就不是真正的領導者。人們之所以戀棧領導職位，往往是出於「指揮與控制」的態度，這是義大利政治思想家馬基維利（Machiavelli）在《君王論》（*The Prince*）中描述的領導方式，這種領導方式號召人們加入你的事業，卻絕不放手讓他們從事其他任何工作。[9]

當領導者反覆透過培養接班人來使自己不斷成長、跳脫原來的工作，他們就擴大了自己的實力，能夠在組織中做出更大、更好的事情。這不僅使他們得以晉升，也為底下的人創造了發展空間。

我樂於見到ＮＦＬ出現這種現象。成功的球隊具備複製文化，你可以從球隊如何在選秀和自由球員市場上尋找有領導能力，而不僅僅是美式足球天賦的球員中看到這一點，你可以從資深球員如何被期望指導和培養年輕球員中看到這一點。而且，從頂尖教練培養協調員和助手的方式看來，這一點尤為明顯，協調員和助手不僅要做好現有的工作，更要準備好晉升到更高的領導層級。如果你仔細看看ＮＦＬ史上絕大多數偉大的總教練，都可以把他們的養成追溯到培養他們的其他教練。領導力發展的鏈條往往可以追溯好幾代人，跨越數十年時間。

人們需要不斷成長以擺脫原先的工作。如何衡量他們做得多好？請針對你培養的每位領導者提出以下問題：

- 在此人的團隊中，追隨者是否多於領導者？
- 這位領導者是否年復一年做著完全相同的工作？
- 這位領導者的工作時間是否很長？
- 這位領導者是否獨力承擔重任？

如果這些問題的答案都是肯定的，那麼你的領導者沒有做到透過成長來跳脫原先的工作，也沒有幫助組織培養未來的領導者。你需要和他們會面，幫助他們找出自己卡在原地打轉的原因。

五、領導者不僅是導師——還是貴人

我為了寫下第二章提及的雪麗·萊利的故事而找她聊聊時，她說明了顧問、導師和貴人之間的區別。她說，顧問代表你說話，是你的代言人；導師對你傾囊相授，藉此幫助你、指導你；而貴人則為你打開大門，好讓你走向成功，貴人會說：「機會來了。」然後給新領導者露臉並且趁勢而起的機會。

人才創新中心（Center for Talent Innovation）創辦人、經濟學家席薇雅·安·惠勒（Sylvia Ann Hewlett）曾撰文說明貴人的價值：

誰在為你加油打氣？誰在照應你？誰鼓勵你勇往直前？這個人很可能不是導師，而是你的貴人。別誤會我的意思，導師很重要，你絕對需要他們——他們給你寶貴的建議，建立你的自尊心，在你對未來感到徬徨時提供不可或缺的意見參謀。然而，他們不是你登上頂峰的門票。

如果你有興趣在事業生涯中平步青雲，得到下一個熱門任務或賺更多錢，你需要的是貴人。貴人會提供建議和指導，但他們也會在更重要的層面提供協助。尤其是他們會：

> 相信你的價值和潛力，並準備好與你榮辱與共，為你孤注一擲。
>
> 在決策桌上有發言權，願意堅定地擁護你——說服他人你值得加薪或晉升。
>
> 願意掩護你，好讓你放膽去冒險。在這個世界上，如果沒有高層領導者的支持與護航，沒有人可以成就大事。[10]

貴人不遺餘力地幫助他們培養的領導者取得成功。我的貴人是湯姆・菲力普（Tom Phillippe），他在我三十歲出頭時成了我的貴人。

他看到我的潛力，為我打開通往成功的大門。當我需要舉薦，他給了我人脈；當我失敗，他幫助我重新站起來；當別人批評我，他為我辯護；當我成功，他為我歡呼；當我幹了蠢事，他保護我；當我需要逐漸成熟，他耐心等待。他走在我前面，幫助我清理道路，他走在我身邊，鼓勵我踏出每一步，他走在我身後，為我服務，他經常現身來協助我，總是全心全意地支持我。

即便在我越來越成功之後，他仍然繼續為我發聲，他做了我四十年的貴人。因為他，我才能走得更遠，爬得更高。湯姆為我的人生注入力量，並且不惜賭上自己的名聲來支持我，我將永遠感激他。他在二〇一八年去世，享壽八十九，我依然懷念他。

當你試圖成為有複製能力的領導者時，請成為某個人的貴人。訓練一個人去完成工作固然很棒，但不要只是訓練，培養一個人成為領導者固然很棒，但不要只是培養，指導一個人成為高階領導者固然很了不起，但不要只是指導。

要成為貴人，為他們敞開大門，為他們發聲，為幫助他們發揮最大潛能而奮不顧身，為他們的成功鋪平道路。如果他們超越了你，就成為他們最有力的啦啦隊，為他們搖旗吶喊。

驚人的乘法領導投資報酬率

我最喜歡的一個成功故事來自十二石教會（12Stone Church）的領導者凱文．邁爾斯（Kevin Myers），他的故事說明了培養領袖的驚人回報。

一九九七年，我搬到亞特蘭大後，開始對凱文進行一對一指導。我在凱文和他的妻子瑪西雅剛剛大學畢業時就認識了他們，我選擇指導他的時候，他已經是一位出色的溝通者和優秀的領導者，他的組織正在成長，他渴望學習到更多。凱文告訴我說：「當你和同一層次的人相處，你會對自己的本事頗具自信，開始覺得自己擁有的答案比問題更多。但是當你置身在一群比你更高層次的人之間，你會發現差距很大，你的問題比答案更多。」

談到領導力的培養，凱文就像河流，而不是蓄水池，無論我對他傾注了什麼，他都會持續傾注到他人身上。他不是為了自己的利益而接受指導，而是為了賜福他人，把自己最好的給他們。

他使十二石教會大幅成長，會眾人數從八百人增加到一萬多人。但他的大部分重心都放在培養領導者上，首先是他的教會職員，然後是他創建的駐堂培訓計畫，該計畫仿效醫生從醫學院畢業後接受的住院培訓模式。

就這樣，十二石教會的駐堂培訓計畫培養了三百名領袖，採用其模式的其他教會也培養出三百名領袖。此外，凱文和他的執行團隊成員，例如我的朋友丹·瑞蘭德（Dan Reiland），他是麥斯威爾領導力中心的領導力拓展執行董事，還不斷培訓其他數百位領袖，並定期輔導他們。

我為了培養凱文而傾注的所有心血都得到了複利回報。他現在的生活方式和領導方式、他對其他領導者傾注的一切，無一不在產生複利效應。這是我做為領導者經歷過最有價值的事情之一。在我開始培養領導者時，我並不知道這會帶給我如此驚人的回報，我並不是因為這個才這麼做的，我培養領導者是為了他們能帶給其他人的東西，這仍然是我指導他人的動機。

最棒的是，你也可以享受類似的經驗。透過培養能複製出其他領導者的領導者，你可以創造一個領導力密集型組織，擁有由當前和未來領導者構成的強大後備力量。你可以建立一條永遠不會缺少領導者，旨在追求更新更大的機會，永遠不會枯竭的領導力流水線。

教導你培養的領導者去創造其他領導者，是培養領導者的漫長旅程中的最後一步，但旅程不應該就此結束。為什麼這麼說呢？因為在一個積極、健康、成功、成長的組織中，培養領導者的過程永遠不會停止，最好的領導者會繼續培訓人們，彷彿他們的未來取決於此——因為確實如此。

好消息是，你可以栽培他人發展成為領導者，你可以體驗這個過程為你個人和事業帶來的回報。會有挑戰嗎？是的。需要很長時間才能實現嗎？你心知肚明。你會犯錯嗎？毫無疑問。但值得嗎？絕對值得！無論付出多少代價，你獲得的回報會讓你付出的成本相形見絀，培養領導者是你所能採取在組織層面上最有價值的行動。

因此，當其他組織還在思考下一步動作，你的領導者已經在南征北討、開疆闢土。

當其他組織還在慌亂地找人主掌他們的下一個計畫，你將從你的強大後備部隊中挑選出領導者。當培養領導人才成為組織中所有人的生活方式，你將自然而然取得成功。而且，你將使自己和組織站在有利地位，獲得培養領導者帶來的最高報酬：複利回報。報酬會持續成長，回報確實會隨著時間而增加。

如果你想擁有更好的團隊、更好的組織，在個人和事業上擁有更好的未來，就請致力於用乘法領導培養領導者。這將是你能做的最有影響力、最有價值的事情之一。

行動步驟

一、確保在你的團隊或組織中的價值觀是，培養更多領導者勝過吸引更多追隨者。以身作則，進行溝通，並期望你帶領的每個人都能做到這一點。

二、跟你培養的每一位領導者交談，詢問他們正在培養哪些人。查明這些人的姓名，問清楚他們處於培養過程中的哪個階段，並詢問領導者正在採取哪些具體行動來培養或指導他們。如果你發現同一個人正在接受多位領導者的指導，請其中一些領導者轉而輔導其他人。質疑那些沒有積極培養或指導人才的領導者，要求他們立即挑選指導對象，並開始進行這個過程。

三、在你的團隊中，有誰曾努力工作以跳脫自己原先的角色？如果答案是「沒有」，那麼你還沒有成功營造出複製領導力的環境。激勵領導者複製出另一個自己，當他們做到這一點，請提升他們的職位以示獎勵。

四、提升組織中的舉薦精神，與你正在培養和指導的領導者一起樹立榜樣，向你培養的領導者傳達成為貴人的價值，獎勵舉薦新領導者的人。有賞才有功。

參考資料

01 理解乘法領導就是解決之道

1 Jazmine Boatman and Richard S. Wellins, *Time for a Leadership Revolution: Global Leadership Forecast 2011* (Pittsburgh: Development Dimensions International, 2011), 8, https://www.ddiworld.com/DDI/media/trend-research/globalleadershipforecast2011_globalreport_ddi.pdf.

2 Maxwell, *The 21 Irrefutable Laws of Leadership,* 167 (see intro, n. 4).

3 Michael McQueen, *Momentum: How to Build It, Keep It or Get It Back* (Melbourne: Wiley Australia, 2016), 7–9.

4 Dave Anderson, *Up Your Business! 7 Steps to Fix, Build, or Stretch Your Organization,* 2nd ed. (Hoboken, NJ: John Wiley and Sons, 2007), loc. 3284 of 4786, Kindle.

5 引述自 Michael D. Ames, *Pathways to Success: Today's Business Leaders Tell How to Excel in Work, Career, and Leadership Roles* (San Francisco: Berrett-Koehler, 1994), 175.

6 A. L. Williams, *All You Can Do Is All You Can Do but All You Can Do Is Enough!* (New York: Ivy, 1989), 133.

7 Gayle D. Beebe, *The Shaping of an Effective Leader: Eight Formative Principles of Leadership* (Downers Grove, IL: InterVarsity Press, 2011), 22.

8 "Carnegie's Epitaph," *Los Angeles Herald,* 29, no. 132, February 10, 1902, https://cdnc.ucr.edu/cgi-bin/cdnc?a=d&d=LAH19020210.2.88&e =-------en--20--1--txt-txIN--------1.

9 The Inspiring Journal, "50 Powerful and Memorable Zig Ziglar Quotes," *The Inspiring Journal* (blog), May 7, 2015, https://www.theinspiringjournal.com/50-powerful-and-memorable-zig-ziglar-quotes/

02 致力成為人才培育者

1 John Wooden and Don Yaeger, *A Game Plan for Life: The Power of Mentoring* (New York: Bloomsbury, 2009), 4.

2 Dale Carnegie Bronner, *Pass the Baton!: The Miracle of Mentoring* (Austell, GA: Carnegie, 2006), loc. 128 of 1071, Kindle.

3 Ryan B. Patrick, "Usher: Underrated," Exclaim!, September 14, 2016, http://exclaim.ca/music/article/usher-underrated.

4 Gary Trust, "Chart Beat Thursday: Usher, will.i.am, B.o.B," Billboard, May 6, 2010, https://www.billboard.com/articles/columns/chart-beat/958333/chart-beat-thursday-usher-william-bob.

5 Usher Raymond IV, foreword to *Exponential Living: Stop Spending 100% of Your Time on 10% of Who You Are,* by Sheri Riley (New York: New American Library, 2017), xii.

03 了解你的團隊成員

1 Gregory Kesler, "How Coke's CEO Aligned Strategy and People to Re-Charge Growth: An Interview with Neville Isdell," *Journal of the Human Resource Planning Society* 31, no. 2 (2008): 18.

2 Neville Isdell with David Beasley, *Inside Coca-Cola: A CEO's Life Story of Building the World's Most Popular Brand* (New York: St. Martin's, 2011), loc. 3 of 254, Kindle.

3 Isdell, *Inside* Coca-Cola, loc. 5 of 254.

4 Kesler, "How Coke's CEO Aligned Strategy and People to Re-Charge Growth," 19.

5 Kesler, "How Coke's CEO Aligned Strategy and People to Re-Charge Growth," 20.

6 Isdell, *Inside Coca-Cola,* loc. 179 of 254.

7 Steven B. Sample, *The Contrarian's Guide to Leadership* (San Francisco: Jossey-Bass, 2002), 21.

8 引述自 Bruce Larson, *My Creator, My Friend: The Genesis of a Relationship* (Waco, Texas: Word, 1986), 166.

9 Herb Cohen, *You Can Negotiate Anything: The World's Best Negotiator Tells You How to Get What You Want,* reissue ed. (New York: Bantam, 1982), 217.

10 "Larry King in quotes," *The Telegraph,* December 16, 2010, https://www.telegraph.co.uk/culture/tvandradio/8207302/Larry-King-in-quotes.html

11 David W. Augsburger, *Caring Enough to Hear and Be Heard* (Harrisonburg, VA: Herald Press, 1982), 12.

12 Simon Sinek, *Start with Why: How Great Leaders Inspire Everyone to Take Action* (New York: Portfolio, 2009), 11–12.

13 Steffan Surdek, "Why Understanding Other Perspectives Is a Key Leadership Skill," *Forbes,* November 17, 2016, https://www.forbes.com/sites/forbescoachescouncil/2016/11/17/why-understanding-other-perspectives-is-a-key-leadership-skill/#7496edae6d20

04 培訓團隊成員出色地完成工作

1 Steve Olenski, "8 Key Tactics for Developing Employees," *Forbes,* July 20, 2015, https://www.forbes.com/sites/steveolenski/2015/07/20/8-

key-tactics-for-developing-employees/#4ec359f56373.

2 引述自 Ken Shelton, *Empowering Business Resources: Executive Excellence on Productivity* (n.p.: Scott, Foresman, 1990), 100.

3 James Donovan, "How a 70/20/10 Approach to Training Can Positively Impact Your Training Strategy," *Commscope Training* (blog), September 27, 2017, https://blog.commscopetraining.com/702010-learning-development-philosophy-fits-infrastructure-industry/.

4 Olenski, "8 Key Tactics for Developing Employees."

05 找出有潛力的領導人才

1 James M. Kouzes and Barry Z. Posner, foreword to *The Hidden Leader: Discover and Develop the Greatness Within Your Company,* by Scott K. Edinger and Laurie Sain (New York: AMACOM, 2015), loc. 136 of 366, Kindle.

2 Lorin Woolfe, *The Bible on Leadership: From Moses to Matthew—Management Lessons for Contemporary Leaders* (New York: AMACOM, 2002), 207.

3 William D. Cohan, "How One of the Country's Most Stories C.E.O.s Destroyed His Legacy," *New York Times,* November 21, 2022, https://www.nytimes.com/2022/11/21/opinion/jack-welch-ge-jeff-immelt.html?algo=combo_als_clicks_decay_96_50_ranks&fellback=false&imp_id=506927408&pool=pool%2F87cbbdd5-1c6c-4d21-8300-fc2c052afff3&req_id=46232210&surface=for-you-email-rotating-profile&variant=0_best_algo&nl=for-you&emc=edit_fory_20221124&nlid=59190517&block=5&rank=2.

4 引述自 Eric Buehrer, *Charting Your Family's Course* (Wheaton, IL: Victor, 1994), 110.

5 與達美航空執行長巴斯欽的對談。

6 Jeffrey Cohn and Jay Morgan, *Why Are We Bad at Picking Good Leaders?* (San Francisco: Jossey-Bass, 2011), 47.

7 Carol Loomis, *Tap Dancing to Work: Warren Buffett on Practically Everything,* 1966–2013 (2012; repr., New York: Portfolio, 2013), 135.

8 James A. Cress, "Pastor's Pastor: I'm Glad They Said That!" *Ministry,* December 1997, https://www.ministrymagazine.org/archive/1997/12/im-glad-they-said-that.

9 Beebe, *The Shaping of an Effective Leader,* 30 (see intro, n. 2).

10 與巴斯欽的對談。

11 Ralph Waldo Emerson, *Essays & Lectures,* ed. Joel Porte (n.p.: Library of America, 1983), 310.

12 Aleksandr Solzhenitsyn, *The First Circle, trans.* Thomas P. Whitney (London: Collins, 1968), 3.

13 John C. Maxwell, *The 15 Invaluable Laws of Growth: Live Them and Reach Your Potential* (2012; repr., New York: Center Street, 2014), chap. 10.

14 "Mario Andretti: Inducted 2005," Automotive Hall of Fame, accessed May 28, 2019, https://www.automotivehalloffame.org/honoree/

mario-andretti/.

15 Red Auerbach with Ken Dooley, *MBA: Management by Auerbach: Management Tips from the Leader of One of America's Most Successful Organizations* (New York: Macmillan, 1991), 28.

16 Maxwell, *The 21 Irrefutable Laws of Leadership,* 169 (see intro, n. 4).

17 Maxwell, 73.

18 David Walker, "After Giving 1,000 Interviews, I Found the 4 Questions That Actually Matter," Inc., June 23, 2017, https://www.inc.com/david-walker/after-giving-1000-interviews-i-found-the-4-questions-that-actually-matter.html.

19 John C. Maxwell, *Leadershift: The 11 Essential Changes Every Leader Must Embrace* (New York: HarperCollins Leadership, 2019), 89–94.

20 Peter F. Drucker, "How to Make People Decisions," *Harvard Business Review,* July 1985, https://hbr.org/1985/07/how-to-make-people-decisions.

06 邀請有潛力的人加入領導席

1 Maxwell, *The 21 Irrefutable Laws of Leadership,* 103 (see intro, n. 4).

2 Rajeev Peshawaria, *Too Many Bosses, Too Few Leaders* (New York: Free Press, 2011), 196.

3 Bryan Walker and Sarah A. Soule, "Changing Company Culture Requires a Movement, Not a Mandate," Harvard Business Review, June 20, 2017, https://hbr.org/2017/06/changing-company-culture-requires-a-movement-not-a-mandate.

4 Tim Elmore, "How Great Leaders Create Engaged Culture," *Growing Leaders* (blog), November 29, 2018, https://growingleaders.com/blog/how-great-leaders-create-engaged-cultures/.

5 Mack Story, "The Law of Magnetism: You Decide When You Go and Where You Go," *You Are the Key to Success* (blog), LinkedIn, December 1 2014, https://www.linkedin.com/pulse/20141201211027-25477363-the-law-of-magnetism-you-decide-when-you-go-and-where-you-go/.

6 See "Michelangelo Buonarroti > Quotes > Quotable Quote," Goodreads, accessed May 29, 2019, https://www.goodreads.com/quotes/1191114-the-sculpture-is-already-complete-within-the-marble-block-before.

7 Brené Brown, *Dare to Lead: Brave Work. Tough Conversations. Whole Hearts.* (New York: Random House, 2018), 4.

8 Beverly Showers, Bruce Joyce, and Barrie Bennett, "Synthesis of Research on Staff Development: Framework for Future Study and a State-of-the-Art Analysis," *Educational Leadership* 45, no. 3 (November 1987): 77–78, quoted in "Mentoring Social Purpose Business Entrepreneurs," Futurpreneur Canada, accessed January 16, 2019, https://www.futurpreneur.ca/en/resources/social-purpose-business/articles/mentoring-social-purpose-business-entrepreneurs/.

9 Syed, 11–13.

07 釐清培養領導者的目標

1 Caitlin OConnell, "Who Is Nelson Mandela? A Reader's Digest Exclusive Interview," *Reader's Digest,* accessed April 16, 2019, https://www.rd.com/true-stories/inspiring/who-is-nelson-mandela-a-readers-digest-exclusive-interview/.

2 John Wooden, *They Call Me Coach* (Waco, TX: Word, 1972), 184.

3 Ann Landers, "Maturity Means Many Things, Including . . ." *Chicago Tribune,* July 17, 1999, https://www.chicagotribune.com/news/ct-xpm-1999-07-17-9907170129-story.html.

4 Kevin Hall, *Aspire: Discovering Your Purpose Through the Power of Words* (New York: William Morrow, 2009), xii.

5 Luke 12:48 asv.

6 Kremer, *George Washington Carver,* 1 (see chap. 4, n. 7).

7 David J. Schwartz, *The Magic of Thinking Big: Acquire the Secrets of Success . . . Achieve Everything You've Always Wanted* (New York: Simon and Schuster, 1987), 66.

8 Mark Miller, "Create the Target Before You Shoot the Arrow," *LeadingBlog,* LeadershipNow.com, March 13, 2017, https://www.leadershipnow.com/leadingblog/2017/03/create_the_target_before_you_s.html.

08 賦予新領導者領導的權能

1 "Gallup Daily: U.S. Employee Engagement," Gallup, accessed March 18, 2019, https://news.gallup.com/poll/180404/gallup-daily-employee-engagement.aspx.

2 Maxwell, *The 21 Irrefutable Laws of Leadership,* 141 (see intro, n. 4).

3 Bob Burg and John David Mann, *It's Not About You: A Little Story About What Matters Most in Business* (New York: Penguin, 2011), loc. 1596 of 1735, Kindle.

4 引述自 C. William Pollard, *The Soul of the Firm* (Grand Rapids: Zondervan, 1996), 25.

5 引述自 Pollard, *The Soul of the Firm,* 111.

6 Ed Catmull with Amy Wallace, *Creativity, Inc.: Overcoming the Unseen Forces That Stand in the Way of True Inspiration* (New York: Random House, 2014), 173–74.

7 Ken Blanchard, *Leading at a Higher Level, Revised and Expanded Edition* (Upper Saddle River, NJ: Pearson, 2010), 64.

8 引述自 Bertie Charles Forbes, *Forbes* 116, nos. 1–6 (1975).

9 General George S. Patton Jr., *War as I Knew It* (New York: Houghton Mifflin, 1975), 357.

10 Jim Collins, *How the Mighty Fall: And Why Some Companies Never Give In* (New York: Collins Business Essentials, 2009), loc. 791 of

4237, Kindle

11 引述自 Dianna Daniels Booher, *Executive's Portfolio of Model Speeches for All Occasions* (London: Prentice-Hall, 1991), 34.

12 引述自 Manchester Literary Club, *Papers of the Manchester Literary Club* 26 (Manchester, UK: Sherratt & Hughes, 1899), 232.

13 Steve Adubato, "Great Facilitation Pays Big Dividends," *Stand and Deliver* (blog), accessed February 21, 2019, https://www.stand-deliver.com/columns/leadership/1328-great-facilitation-pays-big-dividends.html.

14 William James to Radcliffe students in Philosophy 2A, April 6, 1896, quoted in *The Oxford Dictionary of American Quotations,* selected and annotated by Hugh Rawson and Margaret Miner, 2nd ed. (New York: Oxford, 2006), 324

09 善用領導者的內在動力

1 Daniel Pink, Drive: *The Surprising Truth About What Motivates Us* (New York: Riverhead, 2011), loc. 110 of 3752, Kindle.

2 Pink, loc. 71.

3 Pink, loc. 174.

4 Peggy Noonan, "To-Do List: A Sentence, Not 10 Paragraphs," *Wall Street Journal,* June 26, 2009, https://www.wsj.com/articles/SB124596573543456401.

5 Gary R. Kremer, ed., *George Washington Carver: In His Own Words* (Columbia, MO: University of Missouri, 1991), 1.

6 Joseph P. Cullen, "James' Towne," *American History Illustrated,* October 1972, 33–36.

7 Pink, *Drive,* loc. 260 of 3752.

8 John C. Maxwell, *Winning with People: Discover the People Principles That Work for You Every Time* (Nashville: Thomas Nelson, 2007), 248.

9 John Wooden with Steve Jamison, *Wooden: A Lifetime of Observations and Reflections On and Off the Court* (New York: McGraw-Hill, 1997), 11.

10 J. Pincott, ed., *Excellence: How to Be the Best You Can Be by Those Who Know* (London: Marshall Cavendish Limited, 2007), 15.

11 Bill Watterson, *There's Treasure Everywhere* (Kansas City: Andrews McMeel, 1996), loc. 171 of 178, Kindle.

12 引述自 *WJR 3* (Washington Communications, 1981), 59.

13 Stephen Guise, "Habit Killers: Four Fundamental Mistakes That Destroy Habit Growth," *Develop Good Habits: A Better Life One Habit at a Time* (blog), updated March 27, 2019, https://www.developgoodhabits.com/habit-killers/

14 John Ruskin, "When Love and Skill Work Together, Expect a Masterpiece," *Diabetes Educator* 18, no. 5 (1992): 370–71.

10 要求你的領導者團隊合作

1 改編自 "The 8 Questions That Predict High-Performing Teams," *Marcus Buckingham* (blog), accessed March 25, 2019, https://www.marcusbuckingham.com/rwtb/data-fluency-series-case-study/8-questions/#iLightbox[postimages]/0.

2 Paul Arnold, "Team Building from the Ashes," *Ignition Blog,* December 29, 2010, https://slooowdown.wordpress.com/2010/12/29/team-building-from-the-ashes/.

3 引述自 Gregory A. Myers Jr., *Maximize the Leader in You: Leadership Principles That Will Help Your Ministry and Life* (Maitland, FL: Xulon, 2011), 98.

4 Patrick Lencioni, *The Five Dysfunctions of a Team: A Leadership Fable* (San Francisco: Jossey-Bass, 2002), loc. 1914 of 2279, Kindle.

5 Gayle D. Beebe, *The Shaping of an Effective Leader: Eight Formative Principles of Leadership* (Downers Grove, IL: IVP, 2011), loc. 1029 of 3277, Kindle.

6 Mark Sanborn (@Mark_Sanborn), Twitter, September 19, 2014, 8:28 a.m., https://twitter.com/mark_sanborn/status/512986518005514240.

7 Will Kenton (reviewer), "Zero-Sum Game," Investopedia, updated May 8, 2019, https://www.investopedia.com/terms/z/zero-sumgame.asp.

8 Phil Jackson and Hugh Delehanty, quoting Rudyard Kipling, in *Eleven Rings: The Soul of Success* (New York: Penguin, 2014), 91.

9 Maxwell, *The 17 Indisputable Laws of Teamwork,* 28–29.

10 Ana Loback, "Call on Me . . . to Strengthen Team Trust," Strengthscope, accessed March 22, 2019, https://www.strengthscope.com/call-on-me-to-strengthen-team-trust/.

11 David Sturt, "How 'Difference Makers' Think—the Single Greatest Secret to Personal and Business Success," *Forbes,* June 4, 2013, https://www.forbes.com/sites/groupthink/2013/06/04/how-difference-makers-think-the-single-greatest-secret-to-personal-and-business-success/#b41cd5ee4bda.

11 選擇進一步培養的對象

1 James Clear, "The 1 Percent Rule: Why a Few People Get Most of the Rewards," James Clear (website), accessed April 18, 2019, https://jamesclear.com/the-1-percent-rule

2 Clear.

3 Maxwell, 1.

12 一對一指導你的最佳領導人才

1 "Carole King Quotes," *Best Music Quotes* (blog), July 28, 2015, https://bestmusicquotes.wordpress.com/2015/07/28/carole-king-quotes/.

2 Regi Campbell with Richard Chancy, *Mentor Like Jesus* (Nashville: B&H, 2009), 64.

3 Warren Bennis and Burt Nanus, *Leaders: The Strategies for Taking Charge* (New York: Harper & Row, 1985), 153.

4 Wooden and Yaeger, *A Game Plan for Life,* 6.

5 J. R. Miller, "October 28," in *Royal Helps for Loyal Living,* by Martha Wallace Richardson (New York: Thomas Whittaker, 1893), 308.

13 教導你的領導者培養其他領導者

1 Maxwell, *The 17 Indisputable Laws of Teamwork,* 161 (see chap. 7, n. 3).

2 2 Timothy 2:2 msg.

3 Mark Batterson, *Play the Man: Becoming the Man God Created You to Be* (Grand Rapids: Baker, 2017), loc. 817 of 2897, Kindle.

4 Mark Miller, *Leaders Made Here,* 121 (see intro, n. 6).

5 Arthur Gordon, *A Touch of Wonder: A Book to Help People Stay in Love with Life* (n.p.: Gordon Cottage Press, 2013), 6.

6 Lois J. Zachary and Lory A. Fischler, *Starting Strong: A Mentoring Fable* (San Francisco: Jossey-Bass, 2014), 149.

7 Denis Waitley, *The New Dynamics of Winning: Gain the Mind-Set of a Champion for Unlimited Success in Business and Life* (New York: William Morrow, 1993), 78.

8 Noel Tichy with Eli Cohen, *The Leadership Engine: How Winning Companies Build Leaders at Every Level* (New York: Harper Business, 1997), loc. 172 of 8297, Kindle.

9 Philip Nation, "Ministry Leaders: Do You Recruit People for the Task or Reproduce Leaders for the Mission?" *Vision Room,* accessed April 10, 2019, https://www.visionroom.com/ministry-leaders-do-you-recruit-people-for-the-task-or-reproduce-leaders-for-the-mission/.

10 Sylvia Ann Hewlett, *Forget a Mentor, Find a Sponsor: The New Way to FastTrack Your Career* (Boston: Harvard Business Review Press, 2013),

乘法領導

作者 約翰・麥斯威爾 John C. Maxwell
譯者 黃佳瑜
商周集團執行長 郭奕伶
商業周刊出版部
總監 林雲
責任編輯 黃郡怡
封面設計 萬勝安
內文排版 洪玉玲
出版發行 城邦文化事業股份有限公司 商業周刊
地址 115 台北市南港區昆陽街 16 號 6 樓
電話：(02)2505-6789 傳真：(02)2503-6399
讀者服務專線 (02)2510-8888
商周集團網站服務信箱 mailbox@bwnet.com.tw
劃撥帳號 50003033
戶名 英屬蓋曼群島商家庭傳媒股份有限公司城邦分公司
網站 www.businessweekly.com.tw
香港發行所 城邦（香港）出版集團有限公司
香港灣仔駱克道 193 號東超商業中心 1 樓
電話：(852) 2508-6231 傳真：(852) 2578-9337
E-mail：hkcite@biznetvigator.com
製版印刷 中原造像股份有限公司
總經銷 聯合發行股份有限公司 電話：(02) 2917-8022
初版 1 刷 2024 年 10 月
定價 380 元
ISBN 978-626-7492-52-9（平裝）
EISBN 9786267492505（PDF）／ 9786267492512（EPUB）

國家圖書館出版品預行編目(CIP)資料

乘法領導/約翰.麥斯威爾(John C. Maxwell)著；黃佳瑜譯. -- 初版. -- 臺北市：城邦文化事業股份有限公司商業周刊, 2024.10
256面；14.8×21公分
譯自：The ultimate guide to developing leaders : invest in people like your future depends on it
ISBN 978-626-7492-52-9(平裝)

1.CST: 領導理論

541.776 113013291